美しい店舗の間取り❷

美しい
小さな飲食店
の間取り

X-Knowledge

JN050673

目次

ブックデザイン　chichols

DTP　石井恵里菜

カバー・2章イラスト　高橋哲史

イラストレーター　志田華織、須山奈津希、ヤマサキミノリ

トレース　加藤陽平、田嶋広治郎（フレンチカーブ）、長岡伸行、中川展代、濱本大樹、堀野千恵子

印刷・製本　シナノ書籍印刷

本書は「建築知識」2022年2月号特集を加筆、再編集したものです。

凡例

本特集の図面およびイラストに記載されている記号は下記の意味を表します

店動線 ……… ← - - - - - →

客動線 ……… ← - - - - - →

視線方向 …… ◄ • • • • • • • •▶

1章

飲食店の寸法
押さえドコロ

客席・サイン・レジ廻りのつくり方

小規模飲食店では、座席数の確保と快適性の両立がポイント。必要最小限の客席寸法を押さえておきましょう。さらに、集客に直結するサインのデザインや、必須設備であるレジ廻りの寸法についても解説します。

客席の種類と高さの目安

座席の高さは、その店の居心地のよさに直結するだけでなく、お客さんの滞在時間も左右します。食事を提供する店では食べやすい高さが基本ですが、カフェなどお客さんにゆっくりとした時間を過ごしてもらいたい店舗は、低めの椅子が適しています。また、カウンター席の場合は、従業員とお客さんの目線の高さに要注意で

す。カウンター内の従業員がお客さんを見下ろすかたちになると、威圧感を与え、居心地の悪さにつながりかねません。反対に、目線の高さが近いほど会話が弾みやすくなるので、バーなどではハイカウンターがお勧めです。床に足を乗せられる立上りがあると、ハイカウンター席の居心地がアップします。

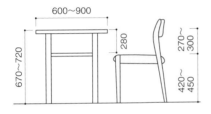

● 食事用テーブル席

食事がメインの店舗のテーブル席では、食べやすさを重視する。テーブルは高さ670〜720mm、座面高さは420〜450mmほどが目安

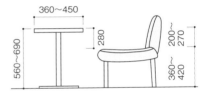

● カフェ用テーブル席

カフェや菓子店では、くつろげるようにテーブル・椅子を低く設定することも多い。テーブルのサイズは360〜450mm角と小さめでもよい

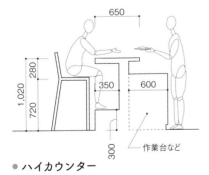

● ハイカウンター

バーなどに多いハイカウンター席は、客とスタッフの視線をそろえるのが基本。客とスタッフの会話が弾みやすく、配膳オペレーションもスムーズに

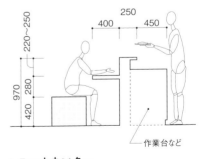

● ローカウンター

麺専門店や定食屋に多いタイプ。厨房内の設備機器が丸見えだと乱雑な印象を与えるため、カウンターに220〜250mm程度の立上りを設ける

小さな店舗でも確保したい客席の最小寸法

客席の設計は単に総数で考えるのではなく、回転率を確保するために店の業態とコンセプトに応じた席タイプを検討することが大切です。たとえばラーメン店など1〜2名での利用が多い店の場合、「4名席×3＝12席」と「カウンター×8＋2名席×2＝12席」では、後者のほうが回転率がよくなるのは明らかです。加えて、快適性の確保も欠かせません。席タイプごとに必要な最小寸法を押さえて、確保したい席数・席タイプを検討すれば、ホールの必要面積を概算することができます。

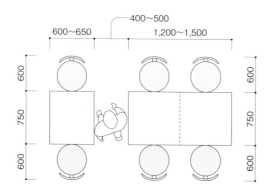

● 1名席

カフェなどの軽食を提供する店舗でも、テーブル席は幅600×奥行き750mm程度を確保したい。椅子からスムーズに立ち上がるには、テーブルの長さ＋600mm以上の奥行きが必要

● 4名席（2方向対面）

小規模飲食店では、最小単位の客席（1〜2人用）を基本とし、グループの人数に応じて、複数の客席をつなげて使用するのがよい。通路幅は最低400mm、人が頻繁にすれ違う場所は1,200mm以上とる

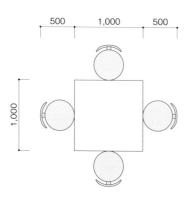

● 4名席（4方向対面）

4方向対面の4名席の場合、4人分の料理やドリンクがぶつかることなく置けるよう、テーブルは1,000mm角以上を確保するとよい。2方向対面の4名席より必要スペースが大きくなるため、客単価が高めの店舗向き

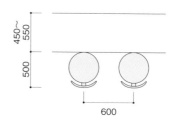

● カウンター席

壁付けのカウンター席では、ハイカウンター（高さ1,050mm以上）かローカウンターかで理想的なテーブルの奥行きが異なる。ハイカウンターの場合は500〜550mm、ローカウンターの場合は450〜500mmが目安

解説：飲食店デザイン研究所

🍴 すっきり収めたいレジ廻りの機器 🍴

キャッシュレス決済が普及し、レジ廻りの機器も多様化しました。特にキャッシュレス対応端末はコンパクトなので、うまく収めればレジ廻りをすっきりできます。

● レジスター

レジスターとお金を収納するドロワーが一体型になったタイプ。レシート・領収書の発行や集計などの多機能が備わる。レジスターとドロワーを分離できるタイプも

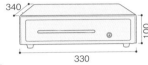

● ドロワー

タブレットをレジとして使用する場合は、ドロワーを別に用意する必要がある。手動で開閉できる小型のドロワーは、見た目もシンプルで人気が高い

● タブレット

小規模店舗では、タブレットを使用したPOSレジ［※］を導入するケースが増えている。一般的なレジスターよりコンパクトで、システムのアップデートにも比較的容易に対応できる

● キャッシュレス決済端末

キャッシュレス決済が主流になっているので必須。ICカード、磁気カード、バーコード、タッチ決済など多様な決済方法に対応できる端末を選び、レジ廻りが乱雑になるのを防ぎたい

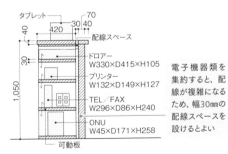

電子機器類を集約すると、配線が複雑になるため、幅30mmの配線スペースを設けるとよい

ドロアー W330×D415×H105
プリンター W132×D149×H127
TEL／FAX W296×D86×H240
ONU W45×D171×H258

● 造作棚に収める

電話機や光回線の終端装置（ONU）などの電子機器をまとめて収められる棚を作る。可動棚にすれば機器類のサイズに応じてぴったりと収められる

● カウンターと一体化させる

「MICHAELCLAVIS」［108頁］では、レジカウンターの意匠性を高めるため、客用の金額表示モニターをカウンターに埋め込むように設置し、キャッシュレス対応端末は引き出しのように納めている（解説：HACOLABO）

下段左：「Allee」設計：KAMITOPEN、下段右：写真：高木成和

※ 会計作業と同時に商品の売上把握や在庫管理などを行うことができる機能（POS機能）を備えたレジのこと

🍴 サインの素材はコンセプトや立地に合わせて選ぶ 🍴

店舗名が決定したら、店舗の設計・施工と同時進行で、サインのデザイン・製作を行います。サインにかかるコストはデザイン費を含め25万円前後が一般的です。製作に用いる材料や設置方法などによって大きく異なるため、費用対効果を依頼主とよく検討したうえで予算を決定しましょう。店舗名が決定したら、店舗の設計・施工と同時進行で、サインのデザイン・製作を行います。

● 金属

金属製のサインは、ある程度の厚みがないと粗悪な印象になることも。そこでお勧めなのが、重厚感のある鋳造。切り文字でも重厚感があり、経年変化も楽しめる

● ネオン管

ノスタルジックな雰囲気を演出できることから、最近はネオン管のサインが選ばれることも。直接手が触れる場所に設置する場合は破損しやすいので、注意が必要

● 無垢板

針葉樹は優しい和の雰囲気、ケヤキは力強い和の雰囲気、タモやナラは洋風の雰囲気を帯びる。木の色や木目の表情がその違いを生む。仕上げはクリア塗装または木目を際立たせる着色で、木目の美しさを生かしたい。雨掛かりに設置すると経年劣化しやすくなるので要注意（解説：トトモニ）

● 暖簾（のれん）

ファブリックの色や素材感、縦方向の長さによって印象が変わる［※］。消耗品であり、クリーニングなどのメンテナンスが必要となるため、2セット以上用意しておく。また、季節ごとに素材やデザインを替えることで、季節感を演出することも

解説：一級建築士事務所Cより
※ 人を迎え入れるためなのか、バックヤードの境界線を示すためなのかなど、暖簾の用途により適切な長さは異なる。短く垂らせば開放的な雰囲気に、長く垂らすほど閉鎖的な印象になる

看板やロゴでお店の雰囲気を伝える

近年、スマホなどの普及で下を見ながら歩くことが多くなりましたが、飲食店においては顔を上げて探すので看板の役割は重要です。看板は、「何のお店か」はもちろん、お店の雰囲気を伝えるのにも大きな役割を担っています。同時に、目に入るロゴデザインも重要です。

● 正面看板

正面看板とは、店舗の入口の上部に取り付ける横長の看板。大きな交差点や大通りに面している場合に効果を発揮する。遠くから見ることを想定するので、大きな文字や分かりやすいイラストが望ましい。逆に小道にある路面店などは、店の前を歩く人から見えないので避けたい

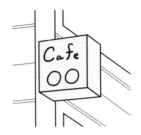

● 袖看板

袖看板とは、建物から道路側に突き出すように設置されている看板。大通りから脇道に入った立地で効果を発揮する。脇道の小さな暗い道であればあるほど、必須になる。大通りに設ける場合は、遠くから歩けば目には入るが、大通りは袖看板が乱立しているので何度も見てもらう「目につくデザイン」も重要になる

● 置き型看板

お店の前や店内の入口近くに置かれる看板。お店の前を歩く人のために設置するので、お店の売りを全面に出すとよい。たとえば、料理が安ければコスト感をアピールするなど。文字が小さくても読まれるので、情報は入れやすい。ゆったりできる空間が売りの隠れ家的なお店であれば、行灯だけ置く、という手法もある

● お店の印象や想いが伝わるロゴデザイン

店名のロゴは、看板を始めホームページやチラシなどさまざまな販促ツールに使われる。おしゃれそう！ 美味しそう！ 安そう！ などのブランドイメージも作り出し、売上にも長期的に影響を与えるので、グラフィックデザイナーや書道家などのプロに頼むのもよい。ロゴデザインを作る際は、業態イメージやターゲット、メニュー、価格帯のほかお店の想いやコンセプトも伝えて具現化させることが重要

● 看板の機能があるインテリアデザイン

看板の役割は、分かりやすく人を誘導すること。そのため、たとえば2階の客席に誘導させるために階段部分に書道家の絵を採用し、2階に何かあると思わせるなど、インテリアデザインで誘導するのも効果的。1階に人が溜まりすぎると入店を敬遠されがちなので、2階の客席に誘導することは、満席率を上げる点では有効である。そのほか、テイクアウト店では受け取り場所の目印に照明器具を置くなどして誘導することもできる

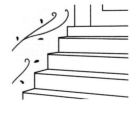

飲食店に求められる設備

飲食店を開業するには、
業態・店舗の規模を問わず、
食品衛生法によって
共通の基準が定められています。
この基準をまず満たしたうえで、
店舗を成功に導く厨房設計や
照明デザインのコツを押さえましょう。

衛生的な作業環境を保つための最低限のルール

飲食店の営業許可を取得するには、2021年6月に施行された改正食品衛生法［※1］54条、および改正食品衛生法施行規則［※2］66条の7に定められた規定にかかわらず共通の施設基準を満たす必要があります。改正前と大きく変わっている基準もあるので、しっかり押さえておきましょう。

● 施設全般の基準

主な項目	対策
ほこりや鼠・昆虫の侵入防止	窓・換気扇、排水溝などに防虫網を設置する
店舗の広さ	取り扱う食品の量に応じた保管スペースを確保する
作業区分に応じた区画	調理と包装作業など、作業工程に応じて間仕切などで区画する
排気	蒸気や油煙が発生する場所の上部に排気ファンなどを設置
換気	換気が適切にできる構造にする、または設備を設置する
住居などとの区画	同一の建物の住居部分や食品以外を取り扱う室または施設と完全に区画する
照明	厨房は50ルクス以上、客席は10ルクス以上を確保する
床・内壁・天井	・容易に清掃、洗浄、消毒できる材料および構造とする ・重飲食店［165頁］など床や内壁の清掃に水が必要な場合は、不浸透性の床材で排水勾配を確保する。内壁は床から1m以上の高さまでステンレスなどの不浸透性の材料で腰張りする
排水設備	・店舗に対して十分な機能を有する排水設備を、水で洗浄する区画、廃水・液性の廃棄物などが流れる区画の床面に設ける ・汚水が逆流しないようしっかりと勾配をとり、適切に施設外へと排出する ・十分な容量の配管を適切な位置に配置する
給水	・井戸水などを使用する場合は、必要に応じて消毒装置・浄水装置を備え、水源は外部から汚染 されない構造とする。また、1年に1回以上水質検査を行う ・貯水槽を使用する場合は、食品衛生上支障のない構造とする

● 共通基準を満たした厨房の例

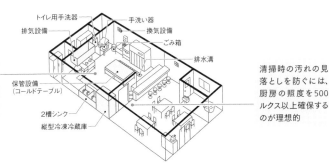

厨房の床にはコンクリートやタイルなどを用い、1／50から1／100程度の水勾配をとる。清掃に水を使わない場合は省略できる場合もある

トイレ用手洗器
手洗い器
排気設備
換気設備
ごみ箱
排水溝
保管設備（コールドテーブル）
2槽シンク
縦型冷凍冷蔵庫

清掃時の汚れの見落としを防ぐには、厨房の照度を500ルクス以上確保するのが理想的

解説：飲食店デザイン研究所
※1 食品衛生法等の一部を改正する法律
※2 食品衛生法等の一部を改正する法律の一部の施行に伴う厚生労働省関係省令の整備に関する省令案

● 設備の基準

必要な設備	設置基準
手洗い設備	・必要な個数の専用の流水式手洗い設備を設置 ・自動センサー式、ひじレバー式、足踏み式など、洗浄後の手指が再汚染しない水栓を使用する ・手指を洗浄・消毒する装置を設置
洗浄設備	・使用目的に応じた大きさ・数の食品など専用の洗浄設備を設置 ・必要に応じて熱湯、蒸気などを供給できる設備を設置
冷蔵・冷凍設備	・冷蔵または冷凍設備を必要に応じて設置 [※1] ・温度計を設置
原材料保管設備	原材料を種類・特性に応じた温度で、汚染の防止可能な状態で保管できる十分な規模の設備を設置
添加物の保管 設備・計量器	・添加物専用の保管庫または保管場所を設ける ・計量器を設置
洗剤・消毒剤・保管庫	洗剤や消毒剤を食品などと分けて保管するための設備を設置
ごみ箱・ごみ保管庫	・不浸透性で十分な容量があり、清掃しやすいごみ箱を設置 ・汚液・汚臭が漏れない構造の保管庫を設置
作業内容掲示場所	作業内容を掲示するための掲示板などを設置 [※2]
掃除などの専用用具・ 保管場所	厨房専用の用具を必要数備え、その保管場所を確保する
包装場所	製品を包装して販売する場合は、製品を衛生的に容器包装に入れることができる場所を設ける
トイレ	・従業者数に応じて設置 ・作業場に汚染の影響を及ぼさない構造とする ・トイレ専用の流水式手洗い設備を設置する
更衣場所 [※3]	・作業場に出入りしやすい位置に設ける ・従事者数に応じた十分な広さを確保する
防鼠・防虫	・窓などを開放する場合は必ず昆虫などの侵入防止措置を講じる ・ドア、給排気口の網戸、トラップおよび排水溝のふたなどを設置し、侵入した際に駆除するための設備を備える

手洗い器は幅360×奥行き280mm以上で、固定式の消毒装置（液体せっけんなど）を設置する

シンクは1槽の大きさが幅450×奥行き360×深さ180mm以上必要

食品や原材料、食器などを保管する棚には必ず戸を付ける必要がある

— PICK UP —

非接触タイプ水栓が
義務化に

非接触タイプ水栓の設置は、改正食品衛生法で新たに義務付けれらた。足踏み式やレバー式など手指を触れずに操作できるものであればよい。適用対象は厨房内の水栓のみだが、感染症対策の視点からはトイレの手洗い設備も自動化するのが望ましい

解説：飲食店デザイン研究所
※1 食品の規格基準に冷蔵または冷凍について定めがある食品を取り扱う場合は、その定めに従い必要な設備を設置する｜※2 スタッフの作業への理解を促す目的がある｜※3 更衣室を設けられない場合は、厨房の外にスタッフの衣類を入れるかごなど（更衣箱）を設置することで代用できる

洗浄設備や冷蔵・冷凍庫は業態を問わず必須

洗浄設備はシンクと食器洗浄機、冷凍・冷蔵庫はコールドテーブルや縦型冷凍冷蔵庫が主流です。いずれも厨房に必須の設備なので、設置スペースも確保しておきましょう。

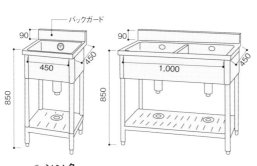

● シンク

食品などを洗浄するシンクと、食器などを洗浄するシンクは分ける必要があるので、基本的には2槽以上が必要。食器洗浄機を設置する場合は1槽シンクでよいとする自治体もある

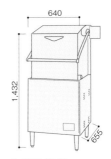

● 食器洗浄機

グラス類を多く使用する店舗では、これがあるとオペレーション効率が大幅に高まるため、ぜひ導入したい。高温で洗浄できるので、乾燥時に水滴が残りにくいというメリットも。厨房に余裕のない場合はアンダーカウンタータイプがお勧め［※4］

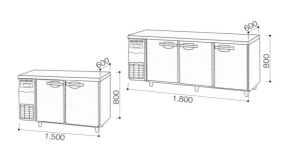

● コールドテーブル

天板を作業台として使用できる冷蔵庫。台下冷蔵庫とも。冷凍庫付きもある。ほぼすべての飲食店で設置する設備で、設置数によって厨房計画が左右される。どのメーカーも奥行きと幅はほぼ同じなので、押さえておこう

● 縦型冷凍冷蔵庫

冷凍庫と冷蔵庫が縦に並んだ設備。最小単位は扉2枚、大きいものは扉6枚。奥行きは主に650mmの薄型と、800mmの厚型があり、高さはメーカーによって違いがある。物件の条件に合わせて選定したい

10坪程度の飲食店の厨房面積比率は30％が目安

飲食業で利益を上げるには、小さな店舗でも客席数はできるだけ多く確保したいもの。一方で、厨房のスペックが不十分だと提供メニューの質が低下し、本末転倒の結果に。厨房に不可欠な機器のサイズ［17頁］や、最低限の通路幅から適切な厨房面積を導きだしましょう。

● 10坪の飲食店の場合で必要になる厨房面積の求め方

①厨房機器の奥行きは600〜650mm
コールドテーブルやシンクは奥行き600mm、ガスコンロや縦型冷蔵庫は奥行き650mm程度が基本。最小限のスペースで効率的に収めるために、前後2列に配置するのが一般的。この場合、厨房の奥行きに応じて設置できる厨房機器の数が決まる

②通路幅は600〜750mm
1人で調理を行う場合の最小通路幅は600mm。2人がすれ違う可能性がある場合は700〜750mm程度必要になる

③防水区画
厨房は防水区画が必要。客席側は厚さ150mm、反対側は100mmを考慮しておきたい

厨房と客席をつなぐ通路の最低幅は450mm、料理を運ぶ通路なら600mm程度が望ましい

調理を1人で担当すると仮定すると、厨房機器の奥行き650＋600mm＋通路幅600mm＋壁厚250mm＝厨房全体の奥行きは2,100mmとなる。利益ベースで見る望ましい面積比率は、10坪程度の店舗でも、客席：厨房＝7：3。これを確保できるよう、厨房の奥行きを設定するとよい

●10坪でも個室を確保する方法

テーブル席の設置を最優先した10坪程度の居酒屋のゾーニング例。通路幅は1人が通れる最小寸法600mmとして、ベンチ席の背もたれをなくし、背面に間接照明を仕込むことで奥行きが深く見えるよう工夫した。個室の需要がある業態のため、個室も確保。レジとビールサーバーを並べて設置することで、厨房内の動線を妨げることなく会計作業やドリンク提供ができる

●20坪でも15名以上の団体席を 確保する方法

24坪弱の居酒屋のゾーニング例。団体客の利用も想定される店舗だが、入口すぐのスペースは柱が邪魔して座席が分断されてしまう。そこで、柱と柱の間に棚を設置しディスプレイスペースとして活用。ベンチソファをあえて柱より前に出すことで、最大18名の団体客が分断されることなく座れる客席を実現した

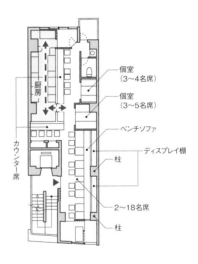

●20坪の空間を2つに分ける方法

入口から空間が左右に分かれている変形形状のカフェ。客席を左右に振り分け厨房がどちらの席からも見えるよう細長いオープンキッチンに。左右の客席で内装のコンセプトをガラッと変えている。「次はあちらの席でまた訪れたい」と思わせる仕掛けを狙った

居心地のよさを左右する照明デザイン

心地よく感じる光環境は時間帯によって異なるため、同じ店舗でも昼営業と夜営業でライティングを変える必要があります。さらに提供メニューや客席の配置などによっても、求められる照明デザインは異なります。ここでは飲食店の照明デザインのポイントを押さえましょう。

● 昼営業は鉛直面（壁）を明るく照らす

室内の光環境が自然環境に近いほど、快適に過ごせる。そのため、昼営業の時間帯は店内の明るさが重要だ。店舗に入ってすぐ目に入る鉛直面（壁）は、屋外と差がつきすぎないよう、ブラケット照明やダウンライトで輝度［※1］を確保したい［※2］。自然光が入らない店舗でも有効なテクニック

● 通し営業の場合は調光機能が必須

夜は、自然環境と連動するように空間内の輝度バランスを整える必要がある。鉛直面（壁）よりも机上面の輝度を高くし、相関色温度は2,700K相当の暖色系にすることで居心地のよい光環境となる。通し営業する店舗では、昼と夜営業で光環境を変えられるよう調光機能を備えた照明器具がよい

| COLUMN |

光質変更が自在なLEDランプ

照明器具の台数、種類を最小限に抑えたい場合に適しているのが、配光制御された器具だ。周囲に光を広げず手元のみを照らしたり、オプションフィルターで光を矩形にし、カウンターを1灯のみで照射したりできる。「マブロス-クロスビーム」［※3］は、電球型LEDの弱点であった眩しさをコントロールし、配光制御がされ、ランプ自体にオプションフィルターを装着することができる。レイアウト変更などに応じた多様な対応が可能だ。

※1 ある光源によって対象物が照らされる明るさの度合いを「照度（単位はルクス）」というのに対し、光源自体の明るさや光に照らされている面の明るさの度合いを「輝度（単位はcd／㎡）」という | ※2 自然光の入り具合などの諸条件に応じて、最適な輝度は異なる | ※3 ダイヤモンドパートナー正規販売代理店：モデュレックス、発売元：ナノテコ、外形寸法：φ49.5×81mm（E11）、定価：9,800円、配光角度：Narrow、Medium、Wide、相関色温度：2,700K、3,000K、4,000K

● 客単価の低い店舗は
　照明を高めに配置

自然界では日中に日が最も高くなるため、輝度の位置が高いと活発な印象の空間になる。カジュアルな雰囲気のカフェや麺専門店などは、ペンダント照明や天井間接照明など、輝度を上方に設けることで視認性が高まり、集客にもつながる

● 客単価の高い店舗は
　照明を低めに配置

バーやコース料理を提供する西洋料理店などではカウンター下の間接照明や卓上のキャンドルなど、輝度を下方に設けることで落ち着いた雰囲気となる。相関色温度は2,400〜2,700K相当にすると輝度バランスとの相性がよい

● 和食店は
　テーブル全体を照らす

和食では椀や小鉢など深さのあるうつわが使われるため、指向性の強い光で照射すると強い影が生まれ、料理がおいしそうに見えない。柔らかい光でテーブルやカウンター全体を照らすとよい

● 西洋料理店では
　料理を際立たせる

洋食は和食と異なり平皿が多いため、指向性のある照明［※4］で卓上を照らしたい。華やかな盛り付けや照りのある料理が映え、魅力的に見せることができる

解説：モデュレックス
※4 リフレクター（反射板）などにより、光学制御された光のこと。1／2照度角：約10〜20度が目安

新しい飲食店のかたち

近年、感染症対策や人手不足、コスト削減への対応として、無人店舗や「間借り営業」が注目されています。飲食店の形態の多様化が進む今、出店する地域や提供するメニューなどに応じて、店舗の形態を考えてみましょう。

● キッチンカー

● 間貸し

スペインバル

水曜限定
スパイス
カレー

はじめての開業

無人販売店舗は防犯対策を中心に考える

無人販売店舗では、店内を外からよく見通せるようにすることで、防犯対策はもちろん、販売訴求力を高められます。立地は、交通量が多く視認性がよい場所がお薦め。また、営業を続けるには月10〜15%の営業利益が見込めるかが肝です。ここでは、冷凍餃子の無人販売店舗を例にポイントを解説します。

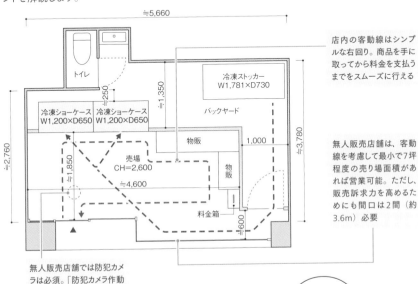

店内の客動線はシンプルな右回り。商品を手に取ってから料金を支払うまでをスムーズに行える

無人販売店舗は、客動線を考慮して最小で7坪程度の売り場面積があれば営業可能。ただし、販売訴求力を高めるためにも間口は2間（約3.6m）必要

無人販売店舗では防犯カメラは必須。「防犯カメラ作動中」のサインもあるとよい

冷凍餃子の無人販売を行う「祇園餃子」。ガラス張りとしたことで店内の様子が外からよく見え、集客促進や万引き抑止につながる。また、ガラス面に「防犯カメラ作動中」と大きく記載し、料金箱を外からよく見える場所に設置するなどの防犯対策も講じている

PICK UP

集客のためにも売り場のショーケースはできるだけ満タン状態にしておくのがよい。ここでは週4回程度、冷凍ストッカーから補充を行う。有人の店舗に比べて人件費の大幅な削減が可能で、万引きの被害を考慮しても利益率が高い。営業利益は15〜18%（実際の万引き被害額は0.5〜0.8%）

定休日も有効活用できる間貸し店舗

間借り営業とは、既存の飲食店を借りて特定の曜日や時間帯のみ営業するスタイルを指します。賃料や光熱費は日割り計算するのが一般的です。貸し手は営業時間外も家賃収入を得ることができ、借り手も内装費などの開業コストやランニングコストを大幅に抑えられます。また、貸し手と借り手が定期的に集まってコミュニケーションをとることで、トラブルの防止にもつながります。

店内にアートやインテリアを設置する場合は、借り手が貸し手に許可をとる必要がある場合も。ここでは貸し手が、イメージが大きく変わるようなものの常設は禁止している

ホッとする実家のような雰囲気にするためにつくった座敷席は、子連れの家族に人気。カウンター席と座敷席があると、ひとり客でも本を読んでゆったりしたいときは座敷に、店主と話したい気分のときはカウンターに、などと使い分けができる

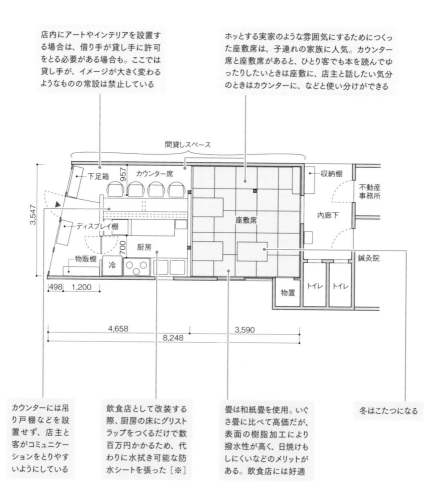

カウンターには吊り戸棚などを設置せず、店主と客がコミュニケーションをとりやすいようにしている

飲食店として改装する際、厨房の床にグリストラップをつくるだけで数百万円かかるため、代わりに水拭き可能な防水シートを張った［※］

畳は和紙畳を使用。いぐさ畳に比べて高価だが、表面の樹脂加工により撥水性が高く、日焼けもしにくいなどのメリットがある。飲食店には好適

冬はこたつになる

※ 提供するメニューの種類などを保健所に相談のうえ、許可を得ている

PICK UP

2 収納や食器類を うまく共有

貸し手に収納スペースと冷蔵庫内を割り振り、借り手は調味料やストックの食材を入れている。冷蔵庫内は中央の段を空けておき、営業中の店舗がそこを使用する。調理器具や食器類は基本的に共有

冷蔵庫の共有例

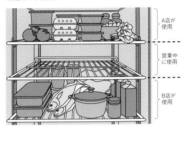

A店が使用

営業中に使用

B店が使用

PICK UP

1 異業種店舗との コラボで集客力UP

最近ではサウナと居酒屋、保育園とベーカリー、コインランドリーとカフェなど、飲食店と異業種店舗のコラボレーションが話題になっている。ここでは、貸し手が鍼灸師のほかに宅地建物取引士の資格をもっていることを生かし、同じ物件内の別の部屋で鍼灸院と不動産事務所も営業。どちらも気軽には入りにくいイメージの業種だが、飲食店にチラシや物件情報を置いておくことで、鍼灸院や不動産会社を利用することも少なくない。ネット広告や折り込み広告を出すよりも低いコストで、高い集客効果が得られる

「暮らしのいろいろ　ていねいに、」の貸し手は、鍼灸師の資格をもつ。体の内側からも健康になってほしいという願いで平日夜に定食屋を開業した。現在は4つの飲食店に間貸ししている。借り手は貸し手と同様に体にやさしい食事を提供している

解説：福田倫和、「暮らしのいろいろ　ていねいに、」所在地：東京都杉並区／開業：2013年
設計：とんち工務店建築設計事務所

⚘ キッチンカーは大開口で実店舗のような印象に ⚘

キッチンカーは、スペースが小さいぶん適切に設備などを配置する計画が求められます。同時に実店舗のような清潔感や入りやすさを与えるために開口部を大きくするなどの工夫も大切です。また、2021年6月施行の食品衛生法の改正により、キッチンカーの開業に必要な許可は飲食店営業許可に一本化されました［※1］。200ℓ程度の給排水設備を備える場合は、車内で一部の仕込み作業が認められる場合もあります。

タイヤは移動時に汚れてしまうので、営業中はメニュー看板や折り畳み可能なパネルなどで隠せるようにするとよい

販売窓口の開口部分を大きく取り、開放的なイメージに。厨房内を見せることで、清潔感や安全・安心を客に印象付けられる。開口幅を広げると接客カウンターも大きくできるので、複数の客対応が同時にできるメリットも

客側もスタッフ側も会計作業や商品の受け渡しがしやすいよう、カウンター高さは1.2m程度に設定したい

出店場所、客層、季節などに応じて、需要が高いメニューは異なる［※2］。提供メニューを柔軟に変更できるよう、フライヤーや鉄板など汎用性の高い厨房機器を設置しておくとよい

「キッチン田」は、LEDライン照明を搭載。内装と開口部廻りはヘアピン加工のステンレスで統一した。スタイリッシュな印象で他店と差別化している

※1 改正以前は、提供メニューに応じて飲食店営業、菓子製造業、喫茶店営業の各許可に分かれていた
※2 たとえば昼食としての需要が高いビジネス街では食べ応えのあるご飯もの、催し物の合間に購入する人が多い野外イベントでは提供スピードが速い揚げ物など

キッチンカーの電気回路は2系統が一般的だが、4系統確保し、電気容量の大きい冷蔵庫とその他の厨房機器を別系統に分けるとよい。回路が過負荷になってバッテリーが落ちるのを防ぐことができ、納車後に厨房設備を増やす場合にも自由度が増す

食品衛生法の改正により水道蛇口は非接触タイプが必須に。さらに手洗い用のせっけん・消毒液を常備するスペースを確保する。必要なシンクの数は各自治体で規定が異なるため、保健所に要確認

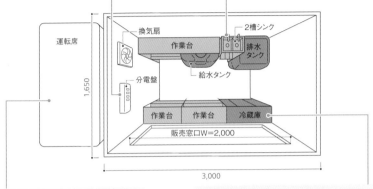

運転席

換気扇

作業台

2槽シンク

排水タンク

給水タンク

分電盤

1,650

作業台　作業台　冷蔵庫

販売窓口W=2,000

3,000

キッチンカーとして使用される車のサイズは、主に軽トラック、1t車、1.5t車、2t車のいずれか。軽トラック、1t車の場合は荷台に店舗部分（屋根・壁など）を一からつくることになるため、1.5t車に比べ製作期間が2週間ほど長くなる［※3］。運転席と調理場は完全に仕切る必要がある

冷蔵・冷凍庫は外部電源が確保できない走行中も稼働させる必要があるため、車のバッテリーを100Vに変換できるインバーター［※4］を搭載するとよい。出店場所まで距離があり、時間のかかる場合にお勧め。インバーター設置のほかにもリチウムイオンバッテリーを搭載することも、走行中の電力確保には有効だ

PICK UP

換気扇の設置も義務付けられている。温かいスープやパンなどを提供する「キッチン田」では、換気扇に加え小窓を設けて換気性能を高めるとともに、厨房内の温度が上がりすぎるのを防いでいる

換気扇　　　小窓

PICK UP

キッチンカーでは、提供メニュー数や調理工程に応じて、40ℓ程度、80ℓ程度、200ℓ程度いずれかの容量の給水用と排水用のタンクを搭載することが食品衛生法によって規定されている

● 給排水容量別の調理・提供方法

容量(程度)	40ℓ	80ℓ	200ℓ
メニュー数	1品のみ	複数	複数
調理工程	温める、盛り付けるなど1工程の簡易調理	焼いて挟むなど、2工程程度までの簡易な調理	3工程以上の調理
容器・食器	使い捨て容器のみ	使い捨て容器のみ	使い捨て容器・食器
大量の水を要する調理	なし	なし	あり

解説：和田航大（MYキッチンカー）「キッチン田」（トライト）、設計：青川剛氣

※3 1.5t車の場合、製作期間は厨房部分の施工に1.5カ月、塗装に2週間ほどが目安。製作コストの目安は軽トラックで約280万円、1t車で約370万円、1.5t車で約350万円

※4 車のバッテリー（12V）にインバーターをつなぎ、エンジンを起動させると厨房設備用の100V電源として使用できる

感染症対策を空間デザインに組み込む

これからの飲食店には、外食の楽しみである非日常感を損なわない工夫に加え、感染症対策にも考慮していくことが求められます。ここでは、店舗のコンセプトを邪魔しない感染症対策の工夫を紹介します。また、今や入店時の検温機と手指消毒も常態化しています。店舗の印象を左右する入口付近が雑然としないよう、感染症対策グッズの寸法を押さえて設置位置を見込んでおきましょう。2021年11月に改訂された「外食業の事業継続のためのガイドライン」（厚生労働省）では、CO_2モニター（二酸化炭素測定器）の設置も推奨されました。

● アクリル板の縁を装飾する

「MICHAELCLAVIS」[108頁]では、会計カウンターにスタッフと客を仕切るアクリル板を設置。内装に合わせて金色のステンレスで縁取り、高級感のある設えとした。定期的にアルコールで吹き上げる（解説：HACOLABO、撮影：高木成和）

● サインとしての機能ももたせる

「桑原商店」[144頁]のカウンターを仕切っているビニルカーテンには、「お会計」「本日のお酒」などの案内表示を印字。感染対策とサインの2機能をもたせている（解説：スキーマ建築計画、撮影：長谷川健太）

● 家具とパーティションを一体化

テーブルの天板として、上下に動かせるアクリル板を設置。ふだんは通常のテーブルとして使用するが、アクリル板を垂直に立てればパーティションになる。店内が混雑したときなど、必要に応じて使い分けられるアイデア（解説：飲食店デザイン研究所）

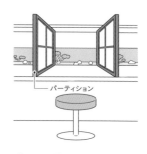

● 1人専用の景色をつくる

カウンター席の仕切りは閉鎖的に感じられることも。しかし、美しい庭や景色が見えるカウンターなら、席を1人分ずつ仕切ることで、そこに座る人専用の風景を切り取ることができる（解説：飲食店デザイン研究所）

● 検温機

客が手をかざすだけで体温測定ができる置き型の検温機。入店時の検温にかかわるオペレーションを効率化できる

● 消毒液ディスペンサー

非接触型のオートディスペンサーは対策としては優れているが、消毒液が子どもの目に入る事故が多発。子どもが利用する店舗では、大人用とは別に、高さ50cm程度の子ども用を設置することが望ましい

● CO₂モニター

効果的な換気タイミングを把握するには、CO_2モニターの設置が有効だ。1,000ppm以下であれば、換気状況に問題はない［右表］

● 換気状況の目安

CO_2濃度（ppm）	換気状況
1,000 以下	よい
1,000〜1,500	やや悪い
1,500〜2,500	悪い
2,500〜3,500	非常に悪い
3,500 超	極めて悪い

1,000ppm以下とは、CO_2が空気全体の0.1%以下ということ。1,000ppmを超えたら換気のタイミング。なお、CO_2モニターは、ドア、窓、給気口、外気を取り込むタイプの空調設備の吹出し口など、外気の影響を受けやすい場所からなるべく離れた位置に設置する

┤ C O L U M N ├

満足度も高まる半個室

半個室席の設置も、客どうしのソーシャルディスタンスを確保するための対策として効果的。完全に仕切られた個室よりも空気が流れやすく、換気の面でも有利だ。一方で、個室のようなプライベート感を得られるので、客にとってもメリットがある。イニシャルコストを抑えたい場合は、ロールスクリーンや暖簾、障子などで仕切るのがお勧め。容易に開閉できるため、客の人数に合わせて半個室の客席数を柔軟に変えることもできる。

ロールスクリーンなど

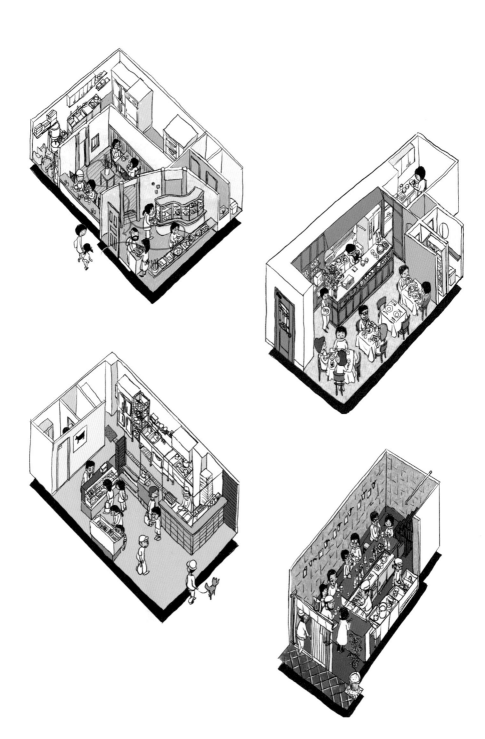

2章

人気が出る
飲食店の間取り

ベーカリー

店内の区画と売り場の動線が大切

パンの製造と小売を行うベーカリーでは、イートインスペースを設ける店舗が増えています。

さらに2021年の食品衛生法改正によって、イートインスペース設置のハードルが下がった[34頁]今、設計者に求められるベーカリー設計の基本を知っておきましょう。

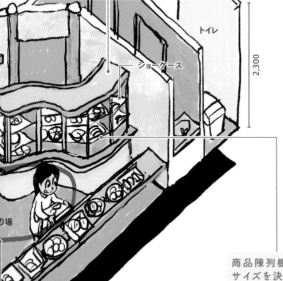

6,200

厨房

デッキオーブン

2,600

トイレ

ショーケース

2,300

り場

厨房と売り場を区画する

食品物販店であるベーカリーと飲食店の大きな違いは、ベーカリーでは厨房と売り場を完全に区画しなくてはならないという点[※]。つくっている姿やオーブンなどの厨房機器を見せたい場合も、飲食店のようなオープンキッチンではなく、ガラスで完全に仕切ることが必要

商品陳列棚は販売個数に合わせてサイズを決める

商品陳列棚がスカスカでは客の購買意欲が減退するため、なるべくパンでいっぱいにしておきたい。そのため、1日の販売個数に見合ったサイズの商品陳列棚を置くとよい。上下2段ある棚の場合は、下の段が影にならないよう照明の調節が必要

菓子製造業許可のみで
イートイン提供や
サンドイッチの製造が可能に

これまでは、小売業であるベーカリーで、店内でつくったドリンク類をイートインで提供したり、サンドイッチを製造・販売したりする場合は、飲食店営業許可（またはそうざい製造業許可）が必要だった。2021年の食品衛生法改正により、これらは不要になった。ただし、厨房はパン製造用とサンドイッチ製造用に区画する必要がある

小麦粉などの
材料置き場の確保

パンづくりに欠かせない小麦粉は、袋が大きく重量もあるため、置き場所に困ることもしばしば。設計段階から厨房に収納場所を確保しておくか、陳列として客に見せられる位置に、小麦粉置き場を設けるのがよい

小麦粉など

住宅街と商業地の
中間の立地が狙い目

テイクアウトがメインのベーカリーはほかの飲食店とは異なり、会社・学校などからの帰途や、出勤の途中など、移動時によく利用される傾向にある。よって、住宅地と商業地の中間に店を構えると、移動途中の利用客を多く取り込める。さらに、駅から少し離れることで家賃を低く抑えられるというメリットもある

縦型冷蔵庫

ドウコンディショナ

ミキサ

イートインスペース

2,650

3,150

レジに並びながらパンを追加購入できる動線に

単価が低いベーカリーが効率よく売上げを伸ばすには、入店から退店まで客をスムーズに誘導することが大切。入店→パンを選ぶ→会計→（イートイン→）退店の動線が一筆書きできるよう、明快な設計を心がけたい。レジに並びながら追加のパンを選べるようにすると、会計の待ち時間を売上げアップにつなげられる

会計カウンタ

解説：飲食店デザイン研究所　イラスト：髙橋哲史「ベッカライ・アロ」［36頁］をもとに作成
※ 所轄の保健所による

食品衛生法の改正で飲食店営業許可が不要に

2021年の食品衛生法改正によって、菓子製造業許可でできることが大幅に増えました。これまで、イートインスペースを設け、コーヒーなどのテイクアウト販売も同時に行うベーカリーでは、菓子製造業許可だけではなく飲食店営業許可または喫茶店営業許可も取得するのが一般的でした。食品衛生法の改正により、今後はそれらが菓子製造業許可のみで可能となったのです。

● 2021年食品衛生法改正の概要

開業前には、物件は動力契約が可能か、パンの販売個数はどれくらいか、イートインスペースを設けるのか、乳類やドリンク、パスタの販売を行うのか、サンドイッチの製造をするのか、などを事前に決めておく

できること	改正前	改正後
イートイン	飲食店営業許可が必要	菓子製造業許可のみで可能
ドリンクの提供	飲食店営業許可が必要	菓子製造業許可のみで可能
乳類販売	乳類販売許可が必要	乳類販売業届出のみで可能
サンドイッチ製造	飲食店営業許可またはそうざい製造業許可が必要	菓子製造業許可のみで可能
パスタなどの提供	飲食店営業許可が必要	飲食店営業許可が必要

牛乳や乳飲料、または乳を主原料とするバターやチーズを販売する場合は乳類販売業の届出が必要。改正前の乳類販売許可に必要だった手数料や更新手続きが不要となったほか、施設基準の要件がなくなった

ベーカリーの厨房は大型の機器が多い

● デッキオーブン

上下にヒーターを搭載し、上火で焼き色を付けながら下火でじっくり生地を焼き上げることができるオーブン。庫内の高さは、1段当たり約220mmで、パンを焼くのにちょうどよい。電気式とガス式があるが、多くの店舗で電気式が採用されている

● ドウコンディショナー

パン生地の発酵管理を自在に行える機器。庫内を発酵に適した温度と湿度に自動で調整する。冷凍・解凍の機能も備えており、ベイクオフ方式［※1］の店舗はもちろん、スクラッチ方式［※2］でも生産数の計画や調整が可能。発酵機能だけをもつホイロという機器もある

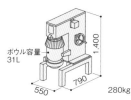

ボウル容量 31L

● ミキサー

パン生地をこねる機器。ミキサーボウルの容量は20～300Lまでさまざまな大きさがあり、店舗の規模や必要生産数に応じて選ぶ。攪拌子を付け替えることでパン生地以外にも対応できる縦型ミキサーのほか、短時間でたくさんの生地をこねられるスパイラルミキサーなどもある

● モルダー（成形機）

パン生地を必要な厚さに伸ばしてガス抜きをし、それを転がして丸めるまでを自動で行う機器。食パンの成形までを自動化できるほか、あんパンなどであんを包む前のめん棒掛けなども自動化できる。食パンや菓子パンの生産数に応じて導入を検討するとよい

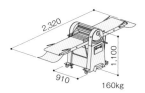

● シーター

パン生地をシート状に薄く（～35mm）伸ばす機器。クロワッサンやデニッシュ、パイの生地にバターを折り込んで層をつくる際に使用する。クロワッサンなどの生産数に応じて導入を検討する

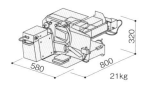

● パンスライサー

食パンなどを好みの厚さにスライスする機器。フランスパンなどのハード系にも対応したタイプや、3斤の長い食パンもスライスできるタイプなどがある。厨房区画内に置くのが原則

● ラック

生地を載せた天板を一時的に置くためのラック。パンや菓子づくりに使用する天板には日本規格とヨーロッパ規格の2種類があり［※3］、どちらの天板も入るラックが望ましい

解説：阪口光治｜※1 工場で、生地を成形する前の状態で冷凍し、店舗に運んでから解凍、成型などを行う製造方法。チェーン店などで効率よくパンを大量生産するために採用される｜※2 小麦粉から生地を仕込み、発酵、焼き上げまでのパン製造にかかわるすべての工程を店舗の厨房で行う製造方法。個人営業の店舗で広く採用されている｜※3 日本規格は六取天板（530×380mm）または八取天板（430×340mm）の2種類があり、ベーカリーでよく用いられる。ヨーロッパ規格は600×400mm、450×350mm、400×300mmの3種類があり、洋菓子店などでよく用いられる

パンの中でパンを楽しむベーカリー

「麦をまるごといただく」というコンセプトを掲げるベーカリー。パンには小麦をまるごと粉状にした全粒粉（自家製粉）を使用。内装はパンの断面のような色味や質感を表現し、まるでパンの中に入り込んだようなデザインが特徴的。依頼主の夫婦とスタッフ1名で営業。イートインコーナーも設けています。

下げ台から皿洗いまでがスムーズに行えるよう、下げ台のすぐそばに1槽シンクを設置している

厨房内のオーブンが見える横スリット窓（高さ350mm）をイートインコーナーに設置。手づくりの安心感やライブ感で、パンを食べる楽しさをより盛り上げる

この店舗では揚げ物を使ったパンを扱わないため、ドライキッチンとしている。グリストラップが不要でコストを軽減できるのに加え、床レベルをパン売り場とそろえられ、掃除も楽だ

パンはショーケースとレジ後方の陳列棚に並べ、スタッフが取り出す形式にしている。パンの説明を通して、客と自然にコミュニケーションが取れる仕掛けだ

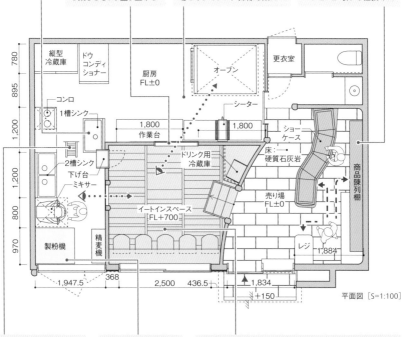

平面図［S=1:100］

スタッフ用の休憩スペースは、厨房から梯子で上がったロフトにある（5.5㎡）。ベーカリーは早朝や深夜作業が多いため、仮眠を取れるスペースがあるとよい

自家製粉の店舗には、精麦機と製粉機が不可欠。向かい合わせに設置すると効率的な動線に。厨房では1人が作業する

イートインスペースでは時間を気にせず食事を楽しめるよう、山小屋のような意匠を狙って、山形県産のクリを床や壁に使用。カウンターの窓廻りの壁に通常端切れとして捨てられる部分を活用するなど、店舗のコンセプトに沿って建材を余すことなく生かすよう工夫した。カウンター下部は汚れにくい大理石のモザイク張りとしている

「ベッカライ・アロ」所在地：福岡県福津市、開業：2019年、設計：heritage、写真：岸野明子
総面積：54.6㎡、従業員数：3名、回転数：1日60〜70組、客単価：1,300円、工期：2.5カ月、工事費：約900万円

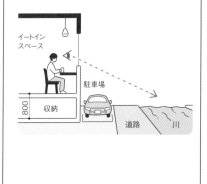

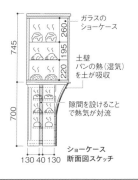

PICK UP

2 カウンター席からの視線をコントロール

イートインスペースの外に駐車場、その先に川がある立地だったので、床を800mmほど上げてカウンターに座ったときの視線が川に向くようにした。床下部分（収納）は、小麦などのストックを置けるスペースとして活用

PICK UP

1 パンの乾燥を防いでおいしさをキープ

クロワッサンやシナモンロールなどは乾燥を防ぐためにガラスのショーケースに陳列。焼き立てのパンの場合、内部に熱が籠ってガラスが曇るため、下部のストック棚で荒熱をとっている。フォルコンブロートやフルーツライブロートなど比較的乾燥しにくいドイツパンは壁際の陳列棚に並べることで、スペースの問題を解消した

内壁は、地元の土と麦わらを使ってパンの断面を表現した仕上げに。天井と壁の取合い部は曲線で仕上げ、柔らかい印象にしている。床は、タイルにすると自然素材である土壁の風合いと合わないため、自然石（硬質石灰岩）を採用。手入れもしやすい

大谷石のカウンターで和のアクセントを

フランス人シェフがパンをつくるブーランジェリー（フランス語で「パン屋」の意）。店舗の前面は数十年以内に拡張予定がある計画道路（現状は8m道路）のため、建物を拡張予定ラインで縁切りする必要がありました。また、三角形の敷地をうまく活用するため、売り場と厨房の動線を優先して配置。空いたスペースにスタッフ用のトイレやバックヤードを設置しています。

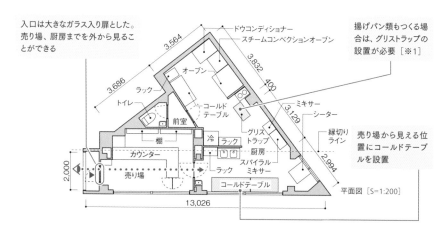

入口は大きなガラス入り扉とした。売り場、厨房までを外から見ることができる

揚げパン類もつくる場合は、グリストラップの設置が必要［※1］

ドウコンディショナー
スチームコンベクションオーブン
オーブン
ラック
トイレ
前室
コールドテーブル
ミキサー
シーター
グリストラップ
棚
冷
ラック
カウンター
厨房
スパイラルミキサー
売り場
ラック
コールドテーブル
縁切りライン

売り場から見える位置にコールドテーブルを設置

3.564　3.686　3.832　400　3.129　2.994　2.000　13,026

平面図［S=1:200］

PICK UP

陳列棚は目線より少し下げる

壁面の商品陳列棚にはパンを2列に並べ、奥のパンも見えるように20°前後手前下に向かって勾配をつけている。また、パンの陳列とレジを兼ねたカウンターは高さを900mmと少し低めに客の目線で奥の列まで見渡しやすく、パンが取りやすいようにした

白を基調に木の天板や商品陳列棚を組み合わせたナチュラルな内装に。アクセントとしてカウンターの腰壁に大谷石［※2］を張り、和のテイストが加わることで、印象的なカウンターになった

「le lieu unique」所在地：東京都目黒区、開業：2021年、設計：solva、写真：宮坂由香 | 総面積：57.7㎡、従業員数：4名、回転数：非公開、客単価：1,000円、工期：1カ月、工事費：約1,500万円 | ※1 ドライキッチンとする場合よりもイニシャルコストはかかるものの、ゆくゆくのメンテナンスや清掃を考えるとメリットが大きい。改装や居抜きなどで埋込みタイプの設置が難しい場合は、外付けのタイプもある［96頁］ | ※2 多孔質で、軽くて加工しやすいのが特徴の石材

ファサードで商品の魅力を表現する

「大人が夢中になる新しいジャムパンをつくりたい」というコンセプトのベーカリー。依頼主は浅草などでもベーカリーを営んでおり、パン生地とジャムはほかの店舗と共有のセントラルキッチンでつくっています。この店舗では、二次発酵と焼き上げ、ジャムを詰める作業を早朝に行うほか、開店後の接客もすべて1人で行っています。

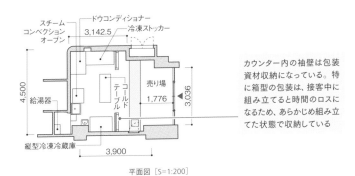

カウンター内の袖壁は包装資材収納になっている。特に箱型の包装は、接客中に組み立てると時間のロスになるため、あらかじめ組み立てた状態で収納している

平面図［S=1:200］

○ PICK UP ○

店の雰囲気を
番重で伝える

カウンターの番重［※3］はすべて、持ち運びしやすい段ボール製。全国の催事に出店する際にも、店内の雰囲気をそのまま再現できるようにした。番重のパンは上3段分が本物で、それ以下はサンプル。番重いっぱいに陳列したほうが客の購買意欲をそそる

商品の魅力が伝わるよう、ファサードに商品のサンプルを吊した。それがアイキャッチにもなっている。天井から垂れ下がったフルーツカラーの布は、フレッシュなジャムをイメージしたもの

「月と花」所在地：東京都中央区、開業：2019年、設計：KAMITOPEN、写真：宮本啓介
総面積：27㎡、従業員数：2名、回転数：100回、客単価：3,000円、工期：1カ月、工事費：非公開
※3 食品業界で使われる薄型の運搬容器の総称。プラスチック製のものが一般的

コストを抑えつつ厚みで高級感のある和風仕上げに

デニッシュ生地 ［※］ の角型食パンを、1日に100〜200斤程度、年中無休で提供しているベーカリー。物件はもともと築40年以上の2階建て中古住宅で、外装は客から見える1階部分のみを集中的に改装しています。改装にあたっては、高級食パン店としての世界観を「和」をコンセプトにつくり込むことを意識。高級感は素材感とその厚みで決まるため、コストを抑えても高級感を演出できるように工夫しています。

パンの製造スペース以外に、焼き上がったパンの粗熱をとるための商品置き場もきちんと確保したい。ここでは可動棚の周りに扇風機を3台設置し焼き上がったパン（約40斤）の粗熱が均等にとれるようにしている

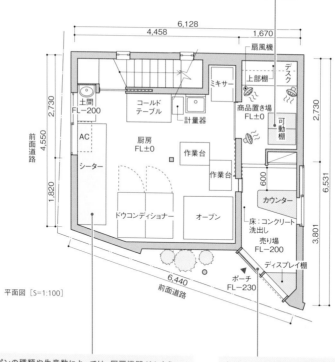

平面図［S=1:100］

つくるパンの種類や生産数によっては、厨房機器がかなりスペースをとる場合がある。事前にヒアリングを行い、製造工程をシミュレーションしながら厨房の設計をする必要がある。ここでは、デニッシュ生地の食パンを効率よく量産するために、生地を自動で薄く伸ばすシーター［35頁］の設置が必須だった

角地で2つの道路に接するうち、あえて広い道路側ではなく狭い道路側に入口を設けることで、割烹料理店のような静かで高級感のある雰囲気を創出。行列ができても通行の邪魔にならないための配慮を兼ねた配置でもある

「久が原 高級角食三日月 村井」所在地：東京都大田区、開業：2019年、設計：トトモニ、写真：高木信行
総面積：61,03㎡、従業員数：1名、回転数：非公開、客単価：1,000〜3,000円、工期：3カ月、工事費：約1,200万円
※ デニッシュとは小麦粉、牛乳、卵、砂糖、イーストからできた生地に、バターを折り込んで層状に成形したパンのこと

PICK UP

2 狭い売り場でも 植栽で奥行きを表現

売り場がたった2坪（全体の20%程度）と狭いことから、少しでも奥行きを感じさせるために、入口を道路からセットバックさせて手前に植栽を設けた。夏にはメダカが泳ぐ鉢を置いたり、秋には稲穂を植えたりして、通行人が四季の風情を感じる演出を行っている

PICK UP

1 さりげなく見える ディスプレイ棚

入口付近に角型食パンのサンプルを見せるためのディスプレイ棚を設置。外を歩く人の目にさりげなく入るよう、高さはやや低め（900mm）に設定している。床は川砂利と白竜砕石のコンクリート洗出し仕上げ。コストを抑えながら高級感と和の雰囲気を演出できる

和風の左官仕上げやコブシ丸太などはコストが高くなりがちだが、ここでは個性をしっかり表現したうえで安価な材料を用い、コストダウンを図った。床柱のように配したコブシ丸太は、曲がりが強いものを探して安価に入手。壁仕上げには、外装にも使用している樹脂系左官材ジョリパッド（アイカ工業）を採用した。入隅や出隅に少しRをつけて厚塗り感を出すことで、高級感のある仕上がりになる。天井の照明にはイサムノグチのペンダントライト（約16,000円）を使用

ゆったりくつろげるハンバーガー店

ハンバーガー店によく見られるアメリカンな空間ではなく、ゆっくり食事を楽しめる落ち着いた喫茶店のような雰囲気が特徴。マフィンやプリンなどの菓子類、雑貨も販売しています。依頼主の夫婦で営業しており、テイクアウトも可能。こだわりのバンズは、近くのベーカリーと共同開発し、日々必要な分を仕入れています。

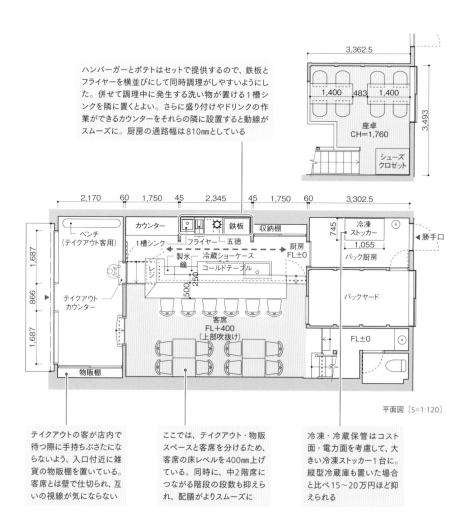

ハンバーガーとポテトはセットで提供するので、鉄板とフライヤーを横並びにして同時調理がしやすいようにした。併せて調理中に発生する洗い物が置ける1槽シンクを隣に置くとよい。さらに盛り付けやドリンクの作業ができるカウンターをそれらの隣に設置すると動線がスムーズに。厨房の通路幅は810mmとしている

テイクアウトの客が店内で待つ際に手持ちぶさたにならないよう、入口付近に雑貨の物販棚を置いている。客席とは壁で仕切られ、互いの視線が気にならない

ここでは、テイクアウト・物販スペースと客席を分けるため、客席の床レベルを400mm上げている。同時に、中2階席につながる階段の段数も抑えられ、配膳がよりスムーズに

冷凍・冷蔵保管はコスト面・電力面を考慮して、大きい冷凍ストッカー1台に。縦型冷蔵庫も置いた場合と比べ15～20万円ほど抑えられる

平面図 [S=1:120]

「ツムジヤ」所在地:福岡県宗像市、開業:2021年、設計:heritage、写真:岸野明子、総面積:1階33㎡+中2階13㎡、従業員数:3名、回転数:1日20～30組、客単価:～1,300円、工期:2.5カ月、工事費:約850万円

PICK UP

2 断熱材で仕上げて コストカット

カウンター上部の垂壁は地元で採れた土で仕上げた。天井は断熱材の炭化コルクを仕上げ材とし、断熱とコストカットを両立した。ただし、コルクのかすが出るので施工前にエアーで処理するなどの注意が必要

PICK UP

1 落ち着ける 中2階の席も用意

1階はテイクアウトの客も来て出入りが激しい。そのため、子ども連れでも過ごしやすいよう中2階の席も用意。建物の高さは3.3mほどなので、既存天井の一部を上げることで中2階の天井高さを1.76m確保しつつ、床座にすることで籠れる空間とした

左：入口から物販棚を見る。商品のセレクトからも店のコンセプトが伝わる｜右：1階の客席。壁は土、天井やテーブルはクリやスギなどの木材（国産）など、仕上げのほとんどが自然素材。経年変化しても味わいとしてデザインに溶け込むので、人工的な素材に比べてメンテナンス費用は少なく済む

オーブンを主役にした無機質なベーカリー

広島県呉市の呉駅前にあるベーカリー。コンセプトは透明度のある空間。オーブンが売り場の正面から見える"主役"にしつつ、売り場の設えもバランスをとることで、厨房と売り場の連続性が高い空間にしています。また、厨房はデザイン的に演出して売り場っぽく、売り場は装飾をそぎ落として機能的な厨房っぽく、とお互いのデザインを逆にすることで視覚的にもつながりを感じられます。素材は無機質なものを使った、これまでにないベーカリーの空間デザインを実現しました。

一段下がって店内に入る立地だったので、外部から商品が見えやすいように中央に平台を設置。平台はウレタンフォームに左官と塗装で仕上げた特注品

厨房をすべて見せてしまうと生活感が出てしまうので、店内から見えない場所には冷蔵庫や収納など機能的なものを設置している

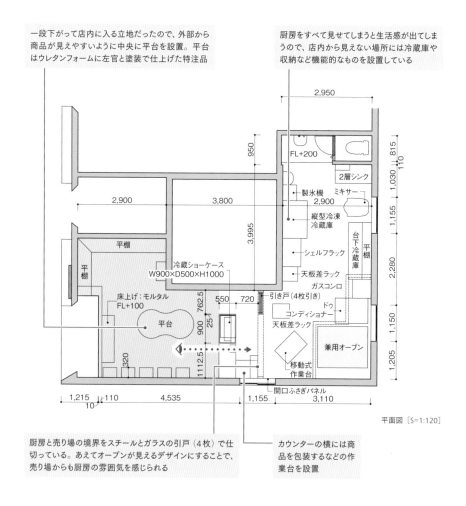

平面図［S=1:120］

厨房と売り場の境界をスチールとガラスの引戸（4枚）で仕切っている。あえてオーブンが見えるデザインにすることで、売り場からも厨房の雰囲気を感じられる

カウンターの横には商品を包装するなどの作業台を設置

「Ripi」所在地：広島県呉市、開業2019年、設計：FATHOM、写真：足袋井竜也
総面積：47.1㎡、従業員数：3名、回転数：1.5回、客単価：800〜1,200円、工期：1カ月半、工事費：非公開

PICK UP

2 売り場でも 厨房の雰囲気を

躯体が美しい物件だったので、生かすために
トング置き場や陳列台は躯体に直接取り
付けている。また、オーブンが3段4枚だっ
たので、3×4の12本のスラッシュのネオン
サインを取り付けることで、売り場でもオー
ブンの気配を感じさせている。照明はあえ
て看板照明を用いて、厨房機器の一部のよ
うな空間構成に

PICK UP

1 厨房は 意匠性を高く

オーブンは隠したいという要望が多いが、こ
こでは主役として外部や店内から見える位
置に設置。オーブンのレンジフードは、特殊
な石灰ペイントで色ムラをつけることで意匠
性を高めている。ダクトは、スパイラルダク
トを用いて、雰囲気と合わせた

これまでのベーカリーは、茶色やベージュな
ど温かみのある空間が多かったが、「概念が
変わるような新しいパン屋」という要望から、
ここでは全体を無機質な素材と色で構成。厨
房のオーブンもメインに立たせている。カウ
ンターもコンクリートの仕上げで雰囲気をそろ
え、ファサードもロゴを設ける程度のシンプル
なつくりにしている

定食屋・鮨屋

カウンターをメインに提供効率のよい動線を確保する、個室を活用するなど、定食屋と鮨屋は店内の構成がよく似ています。ただし、気軽に入りやすく単価も低めな定食屋と単価が高めな鮨屋では、ファサードや内装をそれぞれふさわしく計画することが肝要です。

鮨屋の厨房は2つ設ける

鮨を握って客に提供するオープンな厨房には、冷蔵ネタケースやおひつなども置いて鮨屋の雰囲気を客に感じさせる役割も担う。ドリンクの用意や洗い物はバック厨房を設けて、そこで行う。客の後ろからホールスタッフが提供できるよう、動線は確保しておく

定食屋の例

トイレ

5,500

炊飯器

2槽シンク

1槽シンク

厨房

2,800

客席

3,500

1階

カウンターを中心にゾーニング

小さい店舗で客席の中心となるカウンターには、しっかりとスペースを割きたい。基本的には、奥行き500〜600mm、立上り150mmは確保したい。客席の間隔は幅600mm以上は必要。1〜2人で調理と配膳を行う場合は、カウンター越しに配膳する、一部を会計用に使うなど、機能を集約して省スペース化するのもよい

ファサードは店の雰囲気を伝える要素

家庭料理などを提供する大衆的な定食屋であれば、店内が外部から見えるようにつくるのもよい。にぎわいや安心感が伝わり、集客につながる。逆に鮨屋は店内を見せず、高級感や隠れ家のような落ち着きを演出するため、前庭的な外部とワンクッションおけるようなものがあるとよい

3,600

2,800

400

客席

3,500

2 階

階段から客席までは
スムーズに

2 階席の場合、できるだけスムーズに提供できるよう、階段から上がった先がすぐ客席となるよう計画する。土足部分に靴を置けるスペースは確保しておく

個室や小上り席は
ファミリー層に最適

地域密着型の店舗など、子ども連れでも気兼ねなく利用してほしい場合は、個室や小上り席を設けるとよい。2 階席がある場合は、階段の近くに厨房の出入口を設定すると、食事をスムーズに提供できる。さらにスペースがあれば 2 階にパントリーを設けると、ドリンクや取り皿だけでもすぐに提供できる

メニュー数はあえて絞って提供

メニューの種類が多いほど、食材ストックが増えて、ロスが出やすくなり、オペレーションも煩雑になる。小さな定食屋のメニューは数種類に絞り、味の質や客にストレスを与えないオペレーションで勝負するほうがリピーターが着きやすい。飽きられない工夫として、日替わりやオススメ、季節メニューなどを設けたほうがよい

回転率を高める立ち食い形式も

うどんや蕎麦はもちろん、最近では鮨も手軽に楽しめるよう、立ち食いの鮨屋も増えている。狭くても席数が確保でき、回転率も上がるので、おいしいものを安く提供できる

解説：飲食店デザイン研究所
イラスト：高橋哲史「定食あさひ」[50頁] をもとに作成

和食では深みのあるうつわが多い

和食のうつわは、皿、鉢、椀、どんぶりが一般的に使われます。定食の場合はトレーを使うことも多いので、それぞれの種類と寸法を押さえておきましょう。

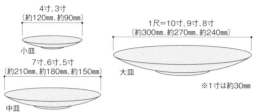

4寸、3寸
（約120mm、約90mm）

小皿

7寸、6寸、5寸
（約210mm、約180mm、約150mm）

中皿

1尺＝10寸、9寸、8寸
（約300mm、約270mm、約240mm）

大皿

※1寸は約30mm

● 皿

小皿の3寸は主に刺身の醤油皿や薬味皿、料理の味見用として、4寸は主に和菓子やおつまみの皿として使用される。中皿の5寸は取り皿、6寸は副菜、7寸は1人用のメイン皿として最適。大皿の8寸は1人前のカレーやパスタ、9～10寸はワンプレート料理にも使える

小鉢

メイン皿

ごはん茶碗

汁椀

● トレーの使い分け

定食を提供する際は、基本的にメインの皿にごはん茶碗、汁椀がセットとなり、小鉢を付ける場合は幅430mm、奥行き330mm、付けない場合は幅360mm、奥行き280mmのトレーが必要

● 鉢

大鉢は汁気のある総菜の盛り鉢に適し、果物などを盛って飾る用途でも使える。中鉢は2人分の総菜や、うどんなど麺類に添えるセットの小丼にも使える。小鉢は1人分の総菜やデザート用として最適で、冬には鍋の取り皿としてもよい

大鉢

φ210前後

中鉢

φ150前後

小鉢

φ120前後

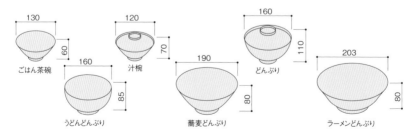

130

60

ごはん茶碗

120

70

汁椀

160

85

うどんどんぶり

190

80

蕎麦どんぶり

160

110

どんぶり

203

80

ラーメンどんぶり

● 椀とどんぶり

和食を提供する際によく使用するのがごはん茶碗、汁椀、どんぶり。どんぶりは、ご飯もの、うどん、蕎麦、ラーメンでそれぞれ目安となるサイズが異なる

解説：飲食店デザイン研究所

定食屋と鮨屋に必要な厨房機器

厨房機器は、定食屋と鮨屋で共通のものと、鮨屋ならではのものがあります。米は、炊飯器を使いますが、鮨屋ではシャリを良好な状態に保つためにおひつも必要になります。おひつは、電気式のものを採用することもあります。みそ汁は、調理してそのまま保存できるみそ汁ジャーが使われます。食材の保存は冷凍冷蔵庫が基本ですが、鮨屋では鮨のネタを客に見せる冷蔵ネタケースを導入することが多いです。

● 炊飯器

電気式はコンセントがあれば使えるので、設置がラク。内釜の種類によって炊き上がりが変わるため、よりおいしく提供するなら鉄の内釜がよい。ガス式は高火力で炊けるため炊き上げまでの時間が短い。ガス管の近くでしか使用できない点に注意［※］

容量4.5ℓ

● みそ汁ジャー

直火で調理してそのまま保温できるため、移し替える手間なくいつでも熱々のみそ汁を提供できる。みそ汁の温度は、62〜75℃で提供できるのがベスト。機器の温度設定は、食事中に少し冷めてもいいように80〜85℃とするとよい

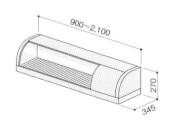

● 冷蔵ネタケース

鮨のネタを客から見えるように保管する冷蔵ネタケース。ガラス部がR状になっており、どの角度からも庫内を見やすい。庫内の底面全体からと上部の冷却パイプで全体をムラなく冷却できる。冷却パイプの立上りがないため、広く使える

● 電気おひつ

シャリを良好な状態に保つには電気おひつが必須。保温は、シャリが硬くならないように50℃前後に設定しておき、営業前に35℃に変更し、握れる温度としておく。実際のおひつ同様、木材を使用しているため、鮨屋の雰囲気ともよく合う

解説：阪口光治

※ 店舗によってはガス式を使用できない場合がある。また、電気式はガス式に比べ本体価格が2〜3倍高い

既存の古い味わいを生かして親しみやすい店に

夫婦2人で経営する定食屋。夫が調理、妻が配膳を担当。開業時はカウンター8席、座敷14席を設け、昼夜ともに営業。夜のみお酒と小鉢も提供しています。コロナ禍では席数を減らし、昼のみ営業していました。定食を弁当にしたテイクアウトを昼夜ともに利用でき、メニュー数も開業時から増やしています。

飲食店営業許可上、トイレ用の手洗い器は必須。手洗い器をトイレ個室の外側に設置すると、誰かがトイレを使用中でも、気兼ねなく手を洗える

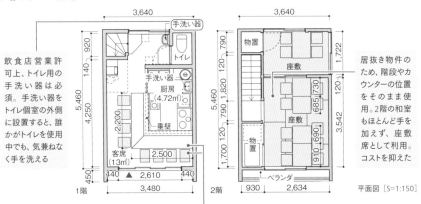

居抜き物件のため、階段やカウンターの位置をそのまま使用。2階の和室もほとんど手を加えず、座敷席として利用。コストを抑えた

1階　2階　平面図［S=1:150］

古き良き内装に見合う家具を検討。カウンターは厚みのある古材を使用。樹種はベイマツとした。椅子は国産のヒバ製が理想だったが、予算を超えたため、古道具店で見つけたヴィンテージの椅子を選定した

── PICK UP ──

古道具を取り入れて
コスト調整

物件が古い建物だったので、その味を生かす方向に改修。天井は仕上げをはがし、野縁を見せることで、コストをかけず古民家の味わいある雰囲気を演出。家具は古道具を積極的に取り入れている

2階建ての古い一軒家を改修。古色を生かし、コストの削減と「町の人が気軽に立ち寄れる」カジュアルさを叶えた。外装は色を塗り替え、古道具店で雰囲気に合う建具を購入。依頼主自らDIYで内壁を仕上げたり、お手製の暖簾(のれん)で親しみやすさを演出

「定食あさひ」所在地：東京都三鷹市、開業：2014年、設計：REVEL DESIGN、写真：藤田二朗（photopicnic）、総面積：約40㎡、従業員数：2名、回転数：約2回、客単価：昼：1,000〜2,000円、夜：1,000〜3,000円、工期：非公開、工事費：非公開

鮨屋はオープンなカウンター席で技術を見せる

地下階に店を構える、隠れ家的な鮨屋。客席はカウンターの10席と、団体客、子連れ客への対応のため奥に6名まで入れる個室を設けています。

厨房はオープンとし、カウンターのヘリとまな板の高さをそろえている。鮨を握る全工程を客に見せることができ、清潔感を保ちながら調理できるのは、プロの料理人の証。高級店や和食店でよく使われる手法

かまど風のガスコンロを設けて和の雰囲気を演出。掃除がしやすいよう、コンロ下部は引出し式になっている

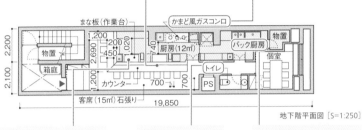

まな板（作業台）　かまど風ガスコンロ　物置

物置　箱庭　厨房（12㎡）　バック厨房　個室

カウンター　トイレ　PS

客席（15㎡）石張り　19,850

地下階平面図［S=1:250］

冷蔵ネタケース［49頁］は店内の温湿度の影響でネタが痛みやすい。ネタは木箱に並べ、まな板下部の高温高湿タイプのコールドテーブル内に保管。注文されてから取り出す

トイレはカウンター席と個室の間に設け、どちらの客からも使いやすくしている

血や鱗で汚れる魚の仕込み場や皿洗いはバック厨房に隠す。また、ドリンクのストックもここに置いている

─ PICK UP ─

吹抜けを利用して
地下でも目を引く店に

地上1階、地下へ降りる階段室の入口。地下の入りにくさを軽減する工夫として、店の入口上部の吹抜けを利用。地下階の箱庭に植わる植物が吹抜けを通して1階まで伸び、地下と1階を一体に見せている。1階の入口に設けた庇上部の植物でさらに一体感を出し、かつ印象的に。地下の店舗でも客の目を引くようにした。吹抜けは路地のように狭い階段室を抜けたときの開放感も演出している

鮨と職人を際立たせるために、天井高を抑え（2,200mm）、内装はシンプルさを意識している。カウンター席後ろの壁は、窯業系平形スレート板のよろい張りで仕上げ、横線が店の奥行きを長く見せている。厨房背面の壁はイタリア製の突板材の導管にインクを吸わせる仕上げとしている

「はなぶさや」所在地：東京都渋谷区、開業：2019年、設計：REVEL DESIGN、写真：ナカサアンドパートナーズ 梅津聡
総面積：56㎡、従業員数：2名、回転数：非公開、客単価：8,000〜12,000円、工期：2カ月、工事費：非公開

広い窓を設けて客との対話を大切に

オフィスビル1階のテイクアウトもできる定食屋。ビルには不動産会社とコワーキングスペースが入っています。旬の食材や薬膳、発酵食材やスパイスを使用した丼ものと、厳選したコーヒーを提供。客は、カウンターやビル内の共用スペースなどで食事ができます。

開放感の演出のため、なるべく大きく開口を設けたが、その分引戸を納める壁厚は150mm（もともとのビルの外壁厚さも合わせると250mm）と厚みが出た。それでも客との距離がなるべく近く感じられるよう、コールドテーブルは奥行き450mmの浅型のものを用いた

縦型冷凍冷蔵庫は道路側から見えないよう、テイクアウトカウンターに対して直交するように設置し、袖壁を設けて隠している。壁にはアイストップとしてドライフラワーなどを飾っている

店内には古き良きヴィンテージ家具を多用。店主のセンスに惹きつけられてくる客も逃さない工夫である。開口や家具の高さや、開口枠と家具のディテールをそろえると、空間につながりが生まれ、統一感がでる

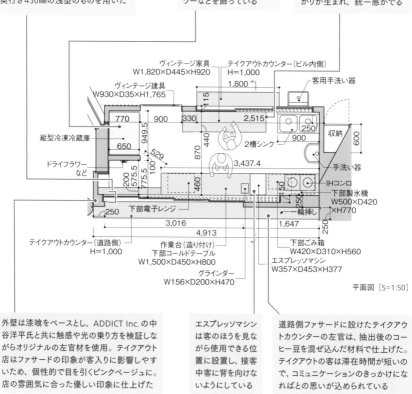

平面図［S=1:50］

外壁は漆喰をベースとし、ADDICT Inc. の中谷洋平氏と共に触感や光の乗り方を検証しながらオリジナルの左官材を使用。テイクアウト店はファサードの印象が客入りに影響しやすいため、個性的で目を引くピンクベージュに。店の雰囲気に合った優しい印象に仕上げた

エスプレッソマシンは客の方を見ながら使用できる位置に設置し、接客中客に背を向けないようにしている

道路側ファサードに設けたテイクアウトカウンターの左官は、抽出後のコーヒー豆を混ぜ込んだ材料で仕上げた。テイクアウトの客は滞在時間が短いので、コミュニケーションのきっかけになればとの思いが込められている

「二坪食堂」所在地：神奈川県川崎市高津区、開業：2020年、設計：コンテデザイン、写真：小川拓郎、総面積：9.7㎡、従業員数：2〜3名、客単価：〜1,500円、工期：1ヵ月、工事費：非公開

2 テイクアウトのお客さんを 呼び込むファサード

道路側のファサード。テイクアウトもできる店はファサードがもつ印象のウェイトも大きい。大きな開口と、建物両端いっぱいまで延ばしたカウンターは、テイクアウトできる飲食店だと一目で伝える工夫である。厚みのある壁だが、R形状の開口にすることで柔らかな雰囲気に。延焼ラインにかかった壁の右側には開口を設けていない。その余白を生かして、店舗サインと、季節の花の一輪挿しを飾るスペースに

1 滞在したくなる カウンターの高さ

テイクアウトカウンターは両側とも、ひじをつきながらドリンクの立ち飲みや、丼ぶりの立ち食いができるよう、高さ1,000mmに。厨房内の作業台は依頼主の身長165cmに合わせ880mmで造り付けた。開口の下端と段差をつけて店内のものが外側に落ちるのを防止。散らかりやすい手元も隠している

断面図［S=1:100］

ビル内側の店構え。道路側と、ビル内の両側に窓を設けて客を取り込む。いずれの側からも視線が抜けることで閉鎖感はない。スタッフ出入り用のヴィンテージの引戸も解放感のあるものを使用。窓の上端は開き戸の上端とそろえ（1,765mm）、水平ラインを強調して美しい店構えとしている

麺専門店

回転率を上げる店舗づくりに

客単価が低めな麺専門店では、回転率を重視した店舗にした上で、カウンター席を多く設けるのが一般的。調理姿も見せ場として楽しめるような工夫もしたいものです。一方、湯気が客席に行かないようにするなど店内の清潔感を保つ細かな配慮も必要です。

厨房設計は湯切りが肝

麺専門店ではゆでた麺の湯切りが見せ場になる。厨房を囲むカウンターなどは、高さ730mm程度にすると客が湯切りの様子を見られるのでよい。ただし、近くに客席がある場合は300mm程度の立上りを設けて水飛びしないよう配慮したい [59頁]

油汚れも考慮する

特にラーメン屋などでは、油を含む水蒸気が漂い、床がすべりやすくなるので、入口には必ず足拭きマットを設置する。床は塩ビタイルやモルタル、壁はビニルクロスや塗装などで仕上げるとよい。左官は拭き掃除がしにくいので避けるのがベター

3,000

2,050

長居の想定はしない

麺専門店は基本的に長居をするような店舗ではなく、回転率が勝負。カウンター席を多く設けるほか、テーブル席を設ける場合も間隔を広くとる必要はない。華美な客席にする必要はないが、耐久性や清潔感は重要なので素材選びに気をつけたい

すっきりとした内装でなじみやすく

うどん店や蕎麦店は和風の内装とするのがお勧め。新しい店舗は古民家風よりも、部分的に木を使用するなどすっきりした和モダンを目指すほうが現代にマッチするうえ、幅広い年代の客を取り込める

製麺スペース

ローレンジ

フライヤー

ゆで麺機

厨房

作業台

会計カウンター

客席

5,200

730

500

1,600

カウンターの寸法は
奥行き500mm以上

コショウや七味などの調味料、箸など常備しておくものを想定した奥行きと立上り高さとする。奥行きは最低でも500mmを確保する。厨房の向かいに設けるカウンターの立上りは、メニューの設置や厨房からの提供を考えて寸法を検討するとよい

セルフサービスの導入

回転率が肝となる麺専門店では、飲料水をセルフサービスにしたり、支払いは券売機で事前に済ませるようにしたりすることも手だ。券売機は卓上に置けるタイプ［56頁］や、キャッシュレス対応のものなどさまざまで、前者と後者では金額も100万円ほど変わるため店舗の規模やスタイルに合わせて選定したい

解説：飲食店デザイン研究所
イラスト：高橋哲史『イカヅチうどん』［58頁］をもとに作成

麺専門店は自動化でオペレーションを効率化

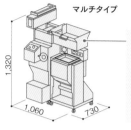

マルチタイプ

1,320
1,060 / 730

小規模な店舗では製麺所から麺を仕入れて提供することも多いが、自家製麺で提供する場合は製麺機が必要になる。競合店との差別化も図れるので検討しておきたい機器の1つ

● 製麺機

麺の種類ごとにつくれるものが異なる機種と、ラーメン・うどん・蕎麦など多様な麺を1台でつくれるマルチな機種がある。機器にもよるが前者と後者では価格も100万円近く変わるので、店舗のスタイルに合った機器を選びたい

ガス式

950
650 / 750

電気式

950
600 / 450

● ゆで麺機

強い火力でスピーディーに調理したいならガス式がお薦め。電気式には、タイマーを設定すると自動でリフトアップするタイプなどがある。麺をゆでられるかごの数によってサイズが変わる

500
450
600 / 600

スープの煮込みなどに使われる寸胴鍋のサイズはφ500×高さ480mmなど

480
500

● ローレンジ

高さ450mm程度の業務用コンロ。深さのある鍋（寸胴鍋）でスープを煮込む作業などが発生する場合は、ローレンジの設置が必須になる。西洋料理店でもしばしば導入される

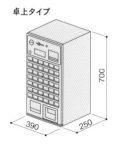

卓上タイプ

700
390 / 250

● 券売機

回転率を上げるには券売機を導入したい。10坪程度の店舗であれば、コンパクトな卓上タイプを選ぶとよい

800
450 / 600

● 冷水機

ゆでた麺を冷やす機器。うどんや蕎麦を提供する場合は、冷水機の確保も必要とされる

解説：阪口光治

店舗併用住宅と店舗兼用住宅の違い

屋内で行き来できるか否かで区別され、行き来ができないものは店舗併用住宅、行き来ができるものは店舗兼用住宅となる。店舗兼用住宅は店舗よりも住宅の面積が大きく、店舗の床面積が50㎡以下であれば、第1種低層住居専用地域にも建てられる（法第48条）［※1］。そのほか、設計面やコスト面の注意点を押さえておきたい。

● 店舗併用住宅

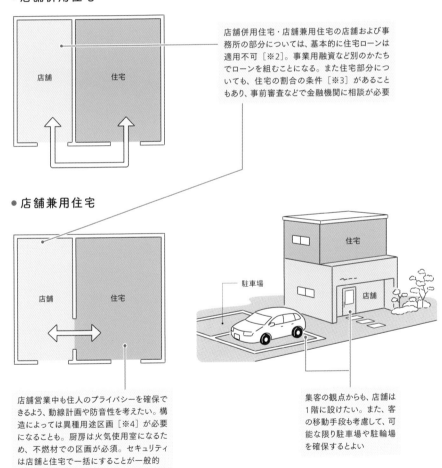

店舗併用住宅・店舗兼用住宅の店舗および事務所の部分については、基本的に住宅ローンは適用不可［※2］。事業用融資など別のかたちでローンを組むことになる。また住宅部分についても、住宅の割合の条件［※3］があることもあり、事前審査などで金融機関に相談が必要

● 店舗兼用住宅

店舗営業中も住人のプライバシーを確保できるよう、動線計画や防音性を考えたい。構造によっては異種用途区画［※4］が必要になることも。厨房は火気使用室になるため、不燃材での区画が必須。セキュリティは店舗と住宅で一括にすることが一般的

集客の観点からも、店舗は1階に設けたい。また、客の移動手段も考慮して、可能な限り駐車場や駐輪場を確保するとよい

解説：瀬野和広＋設計アトリエ｜※1 店舗用途は令130条の3に該当するものに限る｜※2 住宅ローンは、「本人(個人)およびその家族」または「本人（個人）の家族」が居住するための住宅、およびそれに付随する土地（一戸建て、マンション）を購入・新築・増築・改築・既存住宅ローンの借り換えなどを行うために金融機関から受ける融資である｜※3 フラット35では住居部分が全体の半分以上が条件｜※4 建築基準法で定められた防火区画の一種で、同じ建物内に異なる用途が入る場合に区画を分け、ほかへの影響を抑える

湯切り姿を絶妙に見せるうどん店の設え

木造の古民家をリノベーションした、イートインとテイクアウトが可能なうどん店。立地が慈照寺（銀閣寺）に近接していることと、メニューのうどんを彷彿させるような意匠になるよう、工夫を凝らしています。使い勝手のよさだけでなく、オリジナルのグラフィックを空間に取り入れるなどアクセントとなる遊び心を加えて、コンパクトな空間ながらも印象に残る店舗としました。

自家製麺のうどん店では、製麺機と熟成庫のスペースが必要になる。ここでは1階のトイレを省略して2階のみとし、そのスペースを確保した。改修費は50万円程度

店内の座席数は、1階にカウンター6席と2人掛けの座席が4つ、2階は6人掛けの座席が1つで、計20席。1人でも複数人でも対応可能な使い勝手のよい座席計画とした。壁面側のベンチソファは大きな荷物も置きやすく、使い方の自由度が高い。デザイン性の高い椅子を置くより壁と一体でデザインし、建築的な機能として考えることで低コストにつながった

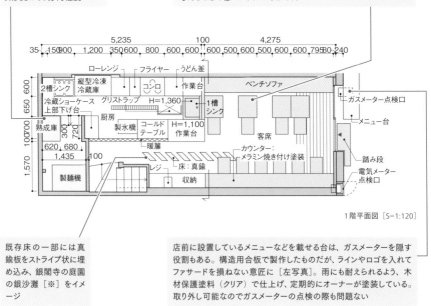

1階平面図［S=1:120］

既存床の一部には真鍮板をストライプ状に埋め込み、銀閣寺の庭園の銀沙灘［※］をイメージ

店前に設置しているメニューなどを載せる台は、ガスメーターを隠す役割もある。構造用合板で製作したものだが、ラインやロゴを入れてファサードを損ねない意匠に［左写真］。雨にも耐えられるよう、木材保護塗料（クリア）で仕上げ、定期的にオーナーが塗装している。取り外し可能なのでガスメーターの点検の際も問題ない

「イカヅチうどん」所在地：京都府京都市、開業：2018年、設計：FATHOM、写真：足袋井竜也、総面積：69.6㎡、従業員数：2名、回転数：4回、客単価：1,000〜2,000円、工期：3カ月、工事費：約1,500万円（厨房機器含む）
※ 白砂を盛り上げてつくられたもので、波紋を表現している

2 湯切りを美しく見せる カウンター寸法

厨房カウンターの高さは、うどんの湯切り姿を見せるため1,060mmに。カウンター席付近は、切った湯が客席に飛ぶのを防ぐ立上りの300mmを加え、計1,360mmとしている。湯切りに使う1槽シンクは客席側に設置。うどんをつくる所作の美しさが際立つよう、依頼主と調整を重ねた

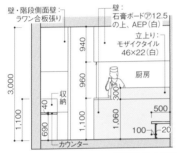

壁・階段側面壁：
ラワン合板張り

壁：
石膏ボード⑦12.5
の上、AEP（白）
立上り：
モザイクタイル
46×22（白）

厨房

収納

3,000
1,100
940
960
1,100
690
40
1,060
300
500
100
20

カウンター

断面図 [S=1:100]

1 コストを抑えつつ 美しい空間に

コストコントロールのため、通常では下地材として使う構造用合板などで仕上げながらも、店内は全体的に清潔感を出し、うどんをつくる所作の美しさを邪魔しないように気を配った。そのために、構造用合板に印字されているJISスタンプを利用してオリジナルのロゴを工場で印字したり、使用する構造用合板も目の粗いものに統一したりして、店内のつくりが粗く見えない細かな配慮を行った（張り方は突付け）。さらに構造用合板の粗さとは対照的に、壁に造り付けたカウンター（メラミン焼き付け塗装）は艶を出して店内の荒々しさをやわらげ、空間にアクセントをつけた

うどんという極めてシンプルな料理を、店舗デザインでいかに表現するかが課題だった。うどんの白を基調に、1階外壁や入口から見えやすい厨房は白で統一。外観は、白のなかでも質感を重視して漆喰で仕上げ、厨房は白のAEPで違和感なくコストを抑えた。厨房内は白のタイル張り（150×75）にすることで、清掃性と意匠性を両立している

こだわりの白と木でつくる和モダンな創作蕎麦店

店舗併用住宅の1階に店を構える創作蕎麦店。カルボナーラ風やクリーム蕎麦などの豊富なメニューに合わせ、純和風ではなくモダンな意匠に。白にこだわりをもつ依頼主の要望をもとに、蕎麦がもつ和の要素を取り入れるべく、木を組み合わせてデザインしています。

営業は1人で切り盛りするため、効率的な動線に配慮し、Ⅱ型レイアウトとした。排気には注意が必要で、ここでは上階の住宅への流入をなくすため、住宅につながる開口部は設けていない

入口から客席までの廊下を長くすることで、客席に入ったときの広がり感を演出。ギャラリーとして使える

店内の照明は温白色に。モダンさを強調できるとともに、夜間は白い外壁によって外部に漏れる照明の光が引き立ち、通行人の目を引き付ける効果も期待できる

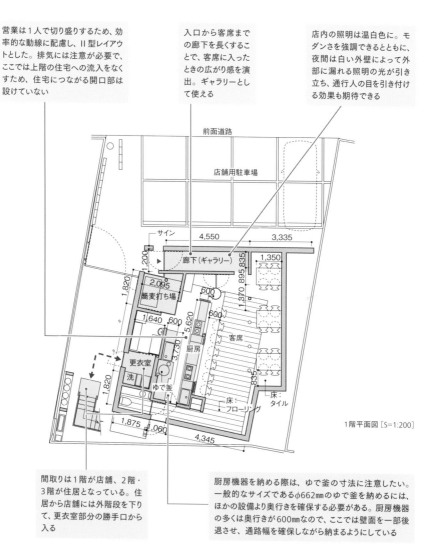

1階平面図［S=1:200］

間取りは1階が店舗、2階・3階が住居となっている。住居から店舗には外階段を下りて、更衣室部分の勝手口から入る

厨房機器を納める際は、ゆで釜の寸法に注意したい。一般的なサイズであるφ662mmのゆで釜を納めるには、ほかの設備より奥行きを確保する必要がある。厨房機器の多くは奥行きが600mmなので、ここでは壁面を一部後退させ、通路幅を確保しながら納まるようにしている

「soba みのり」所在地：東京都昭島市、開業：2009年、設計：瀬野和広＋設計アトリエ、写真：石井雅義、総面積：187.78㎡（店舗部分：79.24㎡）、従業員数：2名、回転数：3回、客単価：1,000〜2,000円、工期：6カ月［※］、工事費：約6,100万円［※］｜※住宅部分含む

2 柱の主張を消しつつ 照明で和を演出

カウンター上部のデザイン照明は和の演出に一役買っている。また、照明の前面には厨房に向かって傾斜がついているので、カバーを開ける際は閂（かんぬき）を抜くと自重で開く。これにより、照明の交換や掃除が容易にできる。さらに、カウンターに設けたルーバーが意匠的なアクセントととなり、同時に柱の存在感を消している

1 ショーケースのような 打ち場

店主こだわりの手打ち蕎麦を仕込むスペースとして設けた打ち場は、入口横に配置したことで、ショーケースのような役割を果たす。開店時には作業風景はうかがえないが、ほうきでならされたそば粉の付いたのし台は、仕事の痕跡を感じながら入店する仕掛けとなる。同時に清潔感も伝えるため、特にガラス面や周辺の清掃には神経を使う。極力、部位同士の隙間をなくす設えを心がけた

建物全体でインパクトを出すため、住居部分と店舗部分の外装をそろえ、区切りを分かりにくくした。1階の外壁よりも2階の外壁が2m張り出しており、外観にインパクトを与えている。張り出し部分が駐車場から店舗入口への雨避けの機能も兼ねる

バック厨房

トイレ

バックヤード

800

西洋料理店

業態に合わせた内装で
差別化を

イタリアンやフレンチなどの西洋料理店は、非日常感を売りにした高級店と、気軽に利用できるカジュアルな店との二極化が進んでいます。客単価によって店舗の設計手法が異なるので、提供メニューも含めて依頼主とすり合わせておきましょう。

非日常感を得られる内装デザイン

西洋料理店の内装は、本場っぽさにこだわって非日常感を演出したい。カジュアルな店舗でも、カウンターや壁面に西洋建築の要素であるモールディングを施すと、ひと味違う空間に。客席テーブルの天板は熱に強い石や人工大理石、メラミンなど、厨房内は汚れに強いタイルやステンレスなどが向く

業態でテーブルサイズが変わる

提供する料理が、コースまたはアラカルトなのかによってテーブルのサイズは変わる。コース料理の場合は皿のサイズが大きいので、2人席で800mm角程度のものを選定するとよい

高級店は座席間隔を広く

コース料理を提供するような店舗では、座席配置を1坪当たり最低1.2席とし、ゆったりとくつろげる空間にしたい。反対にカジュアルな店舗では座席配置を1坪当たり2席程度とし、にぎわいを演出する。単価が低い店舗では収容人数を上げることが売上げアップにつながる

セミオープンキッチンで
映えるところだけ見せる

高級店ではバックヤードや洗い場、作動音の大きい厨房機器は見せたくないので厨房はクローズドにすることが多いが、オープンキッチンを設けると開放的なカジュアル感を打ち出せ、客単価が高めの店舗でも親しみやすさを演出できる。特に小さな高級店ではキッチンの一部だけを見せるセミオープンタイプがお勧め。シェフが客席を眺められるので、配膳のタイミングをつかみやすいというメリットも。客から見える厨房部分は、店舗全体の内装となじむ

厨房の動線計画が肝

店舗の業態にもよるが、10坪前後の店舗であれば、厨房は1〜2人で作業すると考えられる。食材を取る→調理→スタッフへの受け渡しを一連の流れで行える機器配置にするとともに、座席スペースを大きく確保できるよう、厨房スペースはコンパクトに抑えたい

業態によって
最適な立地は異なる

リストランテ［64頁表］のように伝統的な業態で客単価を高めに設定する店舗の場合は、出店エリアとしてホテル内やハイブランドイメージの街を選ぶとよい。さらに、人通りが多いエリアや地元の人が集まりやすい大通りから一本外れた路地にすると隠れ家のような雰囲気を出しやすく、客単価を高めに設定しても使い勝手のよい店舗にできるのでオススメ。多くの人が通勤などで普段からよく通る道沿いであれば、人気店になる可能性が高い

可動テーブルで
どんな客層にも対応

ファミリー層や3名以上のグループ客も取り込むには、使用人数に応じて広げられるエクステンションテーブルや横並びのテーブルなどを導入するとよい

スチームコンベクションオーブン

ヒートトップレンジ

厨房

客席

6,550

2,200

2,500

2,900

解説：飲食店デザイン研究所
イラスト：高橋哲史「Patous」［66頁］をもとに作成

コンセプトに合わせた業態を考える

西洋料理店では、客単価と回転数を設定して業態を決めます。イタリアンとフレンチで業態が異なり、業態によって席の間隔やドレスコードも違うので、事前に把握しておきましょう。ランチはディナーより客単価を抑えるので、昼と夜で店内の雰囲気を変えられる調光照明［20頁］を導入するとよいです。また、小さな西洋料理店では、面積を考慮した食器や厨房機器の選定も大切になります。

● イタリアンとフレンチの業態と特徴

種別	業態	特徴
イタリアン	リストランテ	ドレスコードを要求されるような高級またはやや高級な飲食店。コース料理を中心に提供する。テーブルの間隔に配慮し［62頁］、卓上には花やろうそくを置いて雰囲気を演出する
	トラットリア	リストランテよりもカジュアルで、ラフな格好で入ることのできる大衆食堂。メニューは壁に飾ることが多い［※1］
	バール	イタリアではカフェの役割も果たすが、日本では立ち飲みなどラフな飲食店として扱われる。10〜20坪の物件で、約20〜40席確保する。テラス席など外でも食事ができるようにしてにぎわいを見せる
フレンチ	オート・キュイジーヌ	ミシュランのような著名なガイドブックに、星付きで紹介される高級店。席の間隔は広く、1.2席／坪ほど。厨房はクローズドに
	ビストロ	気軽なレストランの意で、ややカジュアルな業態。1.5席／坪ほどで座席どうしが近接したにぎやかな店が多い
	ブラッスリー	もとはビール醸造所の意。大衆性の高い業態で、フランス版ビアレストランのこと。軽い食事とアルコールを楽しめる

● 食器の形状をそろえて収納しやすく

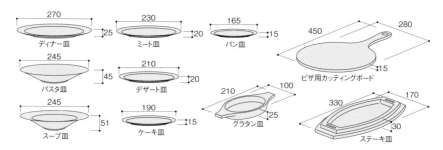

食器類は重ねて収納するため、同じような形状のものをそろえるとよい。特に小規模の店舗では収納スペースも限られるので、食器選びがコンパクトな店づくりにもつながる

上段解説：飲食店デザイン研究所、下段解説：阪口光治
※1 ほかにもカジュアルな飲食店として、「オステリア」と呼ばれる業態がある。ホテルの食堂から発祥した庶民的なイタリアの居酒屋。10〜20坪の物件で約20〜40席確保する

西洋料理店に必要な厨房機器

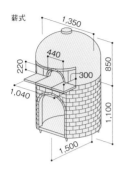

薪式

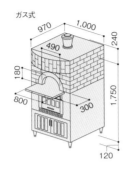

ガス式

● ピザ窯

薪式は火力が強く短時間で焼き上げることができる。一方、ガス式は薪式に比べ温度調整などがしやすく扱いやすい。どちらも価格は1台100万円以上［※2］

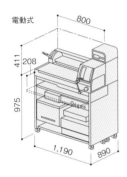

電動式

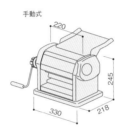

手動式

● 製麺機

電動式は1時間に約50〜100食分をつくれ、1台100万円程度。一方、手動式は1台20万円程度から購入できるので、小規模店舗でも導入しやすい

● パスタボイラー

同時に麺をゆでられるかごの数によってサイズが異なり、2〜5個の仕様が選べる［※3］

● チャコールオーブン

炭火が熱源でオーブンとグリルの両機能をもつ。肉料理がメインの店舗で導入される［※4］

解説：阪口光治
※2 電気式のものもあり、操作も簡単で使いやすいものの、火力が弱い。1台60万〜100万円程度｜※3 かご2個で1台30万円程度｜※4 日本では最近注目されるようになった機器で、スペインのJOSPER社で開発された

高級店は客席数を絞り、席間隔を広げてゆったりと

六本木にある、12坪ほどの高級フレンチレストラン。週末のみランチも営業。店主の夫婦は2019年まで、客席数も従業員も多いフレンチレストランを神戸で経営していました。第二の人生として2人だけで営む小さな飲食店を、修業時代をともに過ごした東京で開きたいと思い立ち、移転しました。

火廻りや操作音の出る調理機器（ミキサーなど）、食器洗い場は客席から見えない4㎡程度のバック厨房に配置。客席側のアイランドキッチンは、客に盛り付けの様子を見せられるだけなく、料理の提供のタイミングを図りながら調理できる。今後は、料理教室なども考えているため多目的に活用できるアイランドキッチンとした

フレンチにはヒートトップレンジという機器が必須。鉄板上で任意の温度域を選べ、余熱調理ができる。下部にはオーブンが付いているものもある

ヒートトップレンジ

800

750

オーブン900

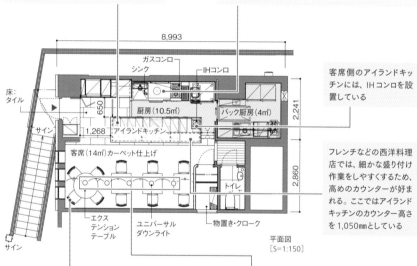

8,993

ガスコンロ

シンク

IHコンロ

床：
タイル

サイン

650

厨房（10.5㎡）

バック厨房（4㎡）

2,241

1,268

アイランドキッチン

客席（14㎡）カーペット仕上げ

2,860

トイレ

物置き・クローク

エクス
テンション
テーブル

ユニバーサル
ダウンライト

平面図
[S=1:150]

サイン

客席側のアイランドキッチンには、IHコンロを設置している

フレンチなどの西洋料理店では、細かな盛り付け作業をしやすくするため、高めのカウンターが好まれる。ここではアイランドキッチンのカウンター高さを1,050㎜としている

週末のランチ営業時は道路側の窓から入る自然光を生かした照明計画としている。ランチ時は客単価が8,000～10,000円に下がるため、ディナー時の店舗の雰囲気とは変化をつけ、ややカジュアルめにしている

各テーブルを照らす照明は均等に配置。客席のレイアウト変更に対応できるよう、広角照射のユニバーサルダウンライト［※1］を採用した。コロナ禍で客席を間引いた際にも役立った。照明をレールに沿って移動できるライティングダクトレールもお勧め

■真下に照射 　　　　　■斜めに照射

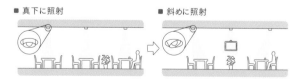

「Patous」所在地：東京都港区、開業：2021年、設計：REVEL DESIGN、写真：ナカサアンドパートナーズ 梅津聡、総面積：約32㎡、従業員数：2名、回転数：1回、客単価：25,000～30,000円、工期：2カ月、工事費：非公開｜※1 照射角度を自由に変えることができるダウンライト

PICK UP

2 既存壁を生かして コストを削減

建物は築50〜60年のSRC造。引き違い窓が2つ並んでいたところに、開口面積を広げることなく3連のアーチ窓を設置。既存の壁をなるべく壊さないことでコストを削減した

PICK UP

1 テーブルクロスは 最適なものを選ぶ

テーブルクロスは専用のフェルトを張った上から掛けて、食器を置く際の音など消音処理するとよい。また掛け方は、客単価に合わせるとよい。クロスの垂れが短い20〜25cmのものはカジュアルな印象、長く床まであるものは高級な印象を与える[※2]。トップクロスを使えば汚れても下のクロスまで変える必要がなく便利。テーブルのアクセントにもなる

テーブルクロスの例

席数は、通常8席（2人席×4）で営業。窓際のエクステンションテーブル（円形テーブル）を使えば最大10席となる。高級志向の店舗にしたい場合は席数を絞り、席間隔を広く確保するとよい

店舗の前は急な坂道。通る人の視線が下がっても見落とされないよう、目が留まりやすいファサードデザインとした。3連のアーチ窓から漏れる明かりと、ふかした壁の陰が印象的なファサードをつくっている

※2 垂れが長いクロスの素材は、控えめで上品な光沢がある綿・麻素材や、ドレープがきれいに出るポリエステルがお薦め。回転の速い大衆的な店舗では、水や汚れに強く清掃性の高いビニール製を使用するとよい

担当する持ち場と客席をつなげる

夫がシェフ、妻がソムリエを務めるイタリアンレストラン。日本の旬な食材や地元食材を使用した料理、自家製の手打ちパスタ、厳選されたワインなどが味わえます。夫は国内のイタリアンレストランで働いたのちイタリアへ。帰国後、有名ホテルの副料理長、有名レストランの料理長を経て独立し、地元の川崎で店を構えました。

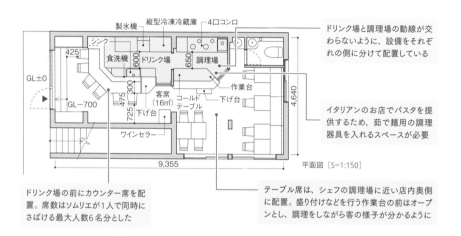

製氷機 縦型冷凍冷蔵庫 4口コンロ

シンク
425
食洗機 600 ドリンク場 650 調理場
GL±0
GL−700
475 300
725 下げ場 客席（16㎡）
下げ台
コールドテーブル 下げ台
作業台
4,640

ワインセラー

9,355

平面図［S=1:150］

ドリンク場と調理場の動線が交わらないように、設備をそれぞれの側に分けて配置している

イタリアンのお店でパスタを提供するため、茹で麺用の調理器具を入れるスペースが必要

ドリンク場の前にカウンター席を配置。席数はソムリエが1人で同時にさばける最大人数6名分とした

テーブル席は、シェフの調理場に近い店内奥側に配置。盛り付けなどを行う作業台の前はオープンとし、調理をしながら客の様子が分かるように

PICK UP

お店の雰囲気を装飾で表現

夫婦ゆかりの地・長野の情趣を表すため、壁にシラカバの木の模様や、店名のluce（イタリア語で「光」）を模した装飾を施し、夫婦の人柄に合わせた優しい内装に仕上げている

床高さがGLよりも700mm低く、高い天井が特徴。天井の高さを強調するように、ブドウの木をイメージして枝のシルエットを壁から天井まで這わせたような内装に。視線が上に向き、より開放的に感じられる

「nico luce」所在地：神奈川県川崎市、開業：2017年、設計：HACOLABO、写真：高木成和、総面積：約43㎡、従業員数：2名、回転数：非公開、客単価：1,000〜2,000円（昼）、4,000〜5,000円（夜）、工期：1カ月、工事費：非公開

オペレーションを意識した動線計画

本格的なワインが味わえるイタリアンレストラン。ひとり客も気軽に楽しめるカウンター席と、最大4名のテーブル席があります。オープンキッチンと、水平に長い大開口による、明るく開放的な空間が魅力。背の高い棚に並んだワインボトルとグラスが外からも見え、客の入りに一役買っています。

ドリンク担当と調理担当の持ち場は完全に分けている。基本的に上下の動作のみ、多くても2歩以内の移動で作業が完結するように計画するとよい。設備をまとめたり背面に棚を設けたりなどの工夫をする

初期費用では購入が難しい機器も後から導入できるよう、給排水などの設備を用意しておくとよい

下げ台（別名：ステーション）は、すぐに食器を洗えない少人数での運営の場合は必須。ステーションの広さは、食器やカトラリーのサイズと量を、配置はフード提供動線との関係を考慮してつくる

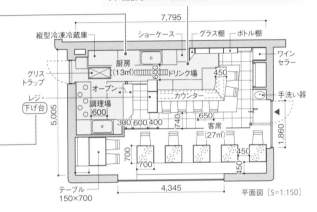

平面図［S=1:150］

PICK UP

動かず調理できる調理場

カウンター席は6席用意し、ドリンク場の前に配置。調理場は閉じているが、提供用に開口を設けている。調理場をコックピットのように囲むことで、動かずに作業ができるようにしている。フードの提供量が多いときに有効

コンクリート打放し仕上げ部分は引き渡し時のまま。調理場を囲う壁のみエイジング塗装を施すことで、コスト削減を図りながらメリハリのある店内を実現させた

「Tre Tre Sette」所在地：神奈川県川崎市、開業：2021年、設計：HACOLABO、写真：高木成和、総面積：40.5㎡、従業員数：3名、回転数：非公開、客単価：1,000〜2,000円（昼）、6,000〜8,000円（夜）、工期：1カ月、工事費：非公開

厨房をお店の〝顔〟に

成田空港の近くで、グルメ散策の観光スポットにあるイタリアンレストラン。薪窯で焼き上げる本格ピザや豊富なボトルワインが楽しめます。1階が厨房、2階が客席なので、外部から見える〝厨房の意匠化〟をメインに計画をしました。

厨房は基本的に1人で作業するので、通路幅は動けるギリギリの寸法とし、作業するカウンターをメインに大きく設置している。カウンター幅は450mmか600mmの規格なので、そこから逆算して考えるとよい

2階に料理を運ぶための昇降機も設置

ピザを焼く薪窯のみ既存のもの。床は既存部分と連続させるために土間としている。防水は既存と新規部分で切っているので、新規部分の床レベルが20mmほど高い

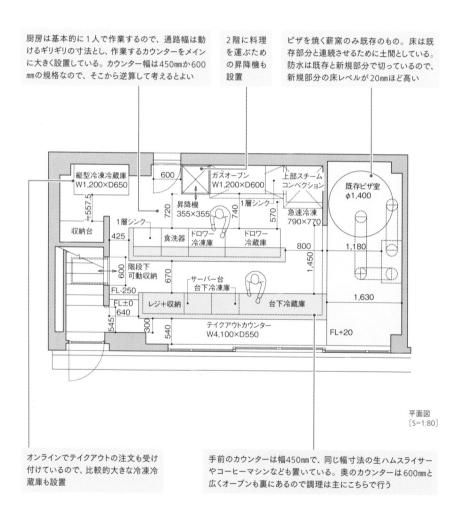

平面図
[S=1:80]

オンラインでテイクアウトの注文も受け付けているので、比較的大きな冷凍冷蔵庫も設置

手前のカウンターは幅450mmで、同じ幅寸法の生ハムスライサーやコーヒーマシンなども置いている。奥のカウンターは600mmと広くオーブンも裏にあるので調理は主にこちらで行う

「Pizzeria Positano」所在地：千葉県成田市花崎町、開業2023年、設計：一級建築士事務所こより+atelier salt、施工：サンキョウ総業、写真：臼井淳一、総面積：68㎡（1階31.3㎡、2階36.7㎡）、従業員数：3名、回転数：非公開、客単価：3,000〜5,000円、工期：2カ月、工事費：非公開

PICK UP

2 料理のための照明計画

照明の色温度は2,700K程度だと、ピザなど料理がおいしそうに見える。照明は天井をスッキリ見せるために小さい（φ60程度）ものを選択。また、ラインをそろえるとキレイに見せられる。照明はフィルターを付けることで光源を絞ったりぼかせたりすることもできる。昼も夜も営業する場合は、調光できる照明でシーンを変えるようにするとよい

PICK UP

1 手元を見せないカウンター高さに

厨房のカウンターは手元を見せないために高めに設定。通常は1,000〜1,100程度だが、本事例では下部にお酒なども収納できるよう、1,300mmとしている。カウンターはコの字になっているので2階に上がる客からも見えないつくり

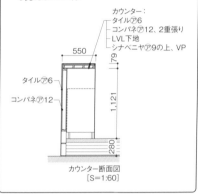

カウンター：
タイル⑦6
コンパネ⑦12、2重張り
LVL下地
シナベニヤ⑦9の上、VP

550

タイル⑦6
コンパネ⑦12

79
1,121
280

カウンター断面図
[S=1:60]

ファサードは、町の制約で変更ができなかったので、厨房は別の空間として見えるように仕上げた。空港近くで外国人観光客も多い地域だったので、内装は墨モルタルをメインに、カウンターには黒を基調にしたタイルを使用するなどして、和モダンの雰囲気を演出している

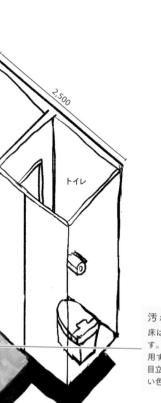

2,000

2,500

トイレ

意匠もメニューも個性で勝負

エスニック料理店

カレーや餃子、中華料理など、異国の食を扱うエスニック料理店は、メニュー構成や店構えで他店との差別化を図りやすいです。高級中華以外は客単価が高くないので、肩ひじ張らずに来店できる街の食堂として、リピーターの確保に力を入れましょう。

汚れが目立たない仕上げに
床は防滑性、防汚性のある塗装を施す。カレー店では、ターメリックを使用することが多いので、黄色の色が目立たないように、仕上げの色は明るい色を避けた方が無難

独特の匂いに注意
カレー店など独特な香辛料の匂いが漂う店舗にする場合は、近隣への影響に特に気を配る必要がある。排気は屋上に出すなど、排気の処理方法は事前に検討する [86頁]。開店前から近隣住民とコミュニケーションをとり、理解を求めるほか、気づいたことは逐一伝えてもらう関係性を構築するのもよい

入店しやすい雰囲気づくりでリピーターを確保
定食屋 [46頁] と同様、にぎわいや安心感を演出できると、肩ひじ張らずに入店しやすくなる。さらに店内の居心地などを気に入ってもらえれば、地元客がリピーターとなってくれる可能性も。価格帯が分かるように外観にメニューと価格を掲示したり、屋台風の意匠として気軽に利用できる雰囲気をつくったりするのもよい [80・152頁]

厨房機器や調理器具に看板の機能をもたせる

店内の意匠や料理の匂いと同様に、エスニック料理店ではその料理ジャンル独特の厨房機器や調理器具があることが多い。客席や道路からも見えるような厨房レイアウトにすると、本格派の印象を与えられ、店舗の個性付けに一役買う

火力や排気量の確認は必須

エスニック料理店では、強い火力が必要になることも。計画段階で、必要とする火力や排気量に対応できるか、プロパンガスを利用する場合はプロパンガスのボンベを収納する場所があるかなど、入念に確認しておく。排気量が不十分な場合は躯体にダクト貫通孔を空ける必要があるなど、物件のオーナーの許諾が必要なので注意

5,100

グラインダー

鉄板

厨房

2,400

フライヤー

2槽シ

炊飯器

客席

2,350

異国の雰囲気を味わえる内装に

「もともと他国の食文化」という点を生かし、提供メニューに沿った異国感を味わえる内装にすれば、他店との差別化が図れる。発祥地独自のデザインや色使い、使用する食器や食べるスタイルを意匠に取り入れるなど、日本文化とは異なる要素があると非日常感を味わえ、料理だけではない魅力が生まれる

解説：飲食店デザイン研究所
イラスト：高橋哲史「三燈舎」[78頁] を元に作成

店舗の看板ともなり得る厨房機器・調理器具

異国の食を扱う場合、厨房機器や調理機器も料理に合わせた独自のものを導入しなければならないケースも多いです。特殊な厨房機器は、インド料理ではナンやドーサ、中華では餃子で使うのが代表的です。また、ドリンクもその国ならではのものも多いので、テイクアウトにも対応したい場合は専用の機器を導入しましょう。

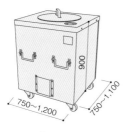

● タンドール窯

インド料理でナンを焼く際に必要な壺型オーブン。入口が狭まった大きな壺のような形状で、窯の底で薪炭を燃やして内部を300〜500℃まで加熱し、内側に生地を張り付けてナンを焼く。なお、インド料理のなかでも南インド系や創作系のカレーを提供する店では、ライスを提供してタンドール窯は導入しない場合もある

● ウェットグラインダー（15L サイズのもの）

ドーサ［※1］などの原料を挽くための業務用グラインダー。インド製で、15Lサイズのほか、20Lや30Lのサイズがある。分厚いステンレスの囲いの中に重い石が2つ入っていて、それにより素材をすり潰して挽く仕組み。全体の重量は160kgほどにもなるので、床の耐荷重をしっかり確認する（解説：堀文子）

● 餃子焼き機（鍋が4つあるタイプ）

餃子を焼くための専用機器。IH、ガス、電気のラインアップがあり、一度に焼ける鍋の個数によってサイズもさまざま。厨房の規模や提供数に応じて選定する

● カップシーラー機

タピオカドリンクなどのカップに封をするための機器。テイクアウトメニューにシールが必要なものがある場合は、この機器の導入を前提として事前に設置スペースを確保しておく。提供する直前に使用するので、テイクアウトカウンター付近に設置しておくことが多い

解説：阪口光治
※1 南インドの代表的な料理で、米や豆の粉を原料にした生地を鉄板の上で薄くクレープ状に焼いたもの。南インドでは、既製品の米粉や豆粉などを用いず、グラインダーで粉を自家製作することが多い

インドカレー店で使用される食器類

インドカレー店では、ナンなどを載せるプレートやカレーを入れる小皿が必要になります。また、さまざまなスパイスを保管するボトルも使われます。

● 食器

プレートサイズ

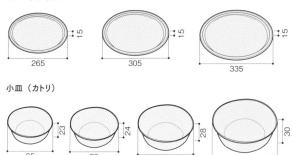

265　　15
305　　15
335　　15

小皿（カトリ）

65　　23
70　　24
80　　28
90　　30

インドカレーを提供するカレー店では、プレートやカトリと呼ばれる小皿が使われる。1つひとつは薄く、重ねられるが、数がたくさん必要なのでかさばる。直径サイズの種類が多いので、食器のサイズ感を把握したうえで食器棚を設計する［※2］。使用するサイズを絞るのも1つの手だ

● スパイスボトル

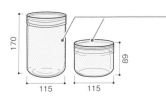

170　　115
89　　115

カレー設計事務所［76頁］では、1週間程度で使い切れる量が入る容器を使用している。また、開封していないスパイス類は、日が当たらず湿気の少ない棚に保管する

カレー店では多種多様なスパイスを使用する。それらを店舗のインテリアとして見せ、個性付けするのもよい。ただし、清潔感を損なわないようにすることが重要。使用するスパイスボトルの見た目は常に整えておく。風味が劣化しないうちに使い切れる容量とすることも大切だ

┤ COLUMN ├

鉄板を極める

インド料理店では、生地を薄く焼くドーサやロールという料理があるため、鉄板を厨房に導入することも多い。三燈舎（さんとうしゃ）［78頁］では合羽橋で購入した鉄板をドーサ用に設置。ドーサを焼く鉄板はより均質に熱が行き渡るため、なるべく分厚い鉄板がよい。カレー設計事務所［76頁］ではロール用に特注でつくった鉄板を鋳物コンロの上に設置している。

ドーサ用鉄板

解説：堀文子、カレー設計事務所、写真：堀文子
※2 プレートは、プレートに盛るカレーや副菜の種類数によってカトリの数が増えるので、それによって使い分ける。カトリも同様で、副菜には小さいもの、カレーには大きめのものと使い分ける

インドスタイルの設計事務所兼カレー店

週の半分はカレー店として営業、残りの半分は建築の設計業務を行うオフィスとして使用している物件。住宅街に位置し、カレー店のメイン客層は40歳～の女性。店舗は築100年の古民家を改修した建物。準防火地域のため、外装の補修と、内装の模様替え程度のみを行っています。

東側が店舗、西側が住宅、中央部分は設計事務所のスペース。上部はレンタルスペース（2,970円／3時間）としても貸し出し、イベントなどに利用されている

カレー店では、排気とともに出る独特の匂いにも要注意。近隣住民の理解を得るため、計画段階から周囲とのコミュニケーションをとるとともに、排気ルートを確認することが大切［86頁］。ここでは、店舗が平屋で周囲が2～3階建ての建物だったため、地面に向かってダクトを下に伸ばし、下方向に排気した［左頁右下］

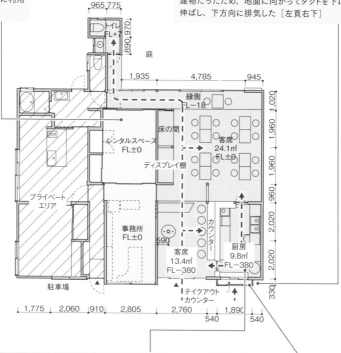

平面図
［S=1:200］

厨房部分の天井は防火性を考慮し、石膏ボードにモルタルフレスコ塗りで仕上げている。段違いにすることで既存の竿縁天井を座卓の客席に見せ、古民家の面影を感じさせながら空間を分けている。また、カレーに欠かせないスパイスは湿気に弱いが、消費が早いため、ここではディスプレイを兼ねてガラス瓶に入れ、厨房の背面の棚に並べている

コロナ禍のなかでの開業だったため、全メニューテイクアウト営業を前提として、正面にテイクアウトカウンターを設置した。カウンターは、既存の格子建具があった場所をオーバーハング形式で開閉できるように改造。イートインの客との動線を分け、外部のみで完結させた

「カレー設計事務所」所在地：京都府宇治市、開業：2021年、設計：加藤拓央、写真：戸田耕一郎、総面積：約64㎡、従業員数：3名、回転数：2～3回、客単価：1,500円、工期：4カ月、工事費：約2,000万円

PICK UP

2 厨房を見せず食べやすい家具寸法

カウンターは客から厨房内が見えない高さ（1,160mm）に。カレーは顔を器に近づけて食べるため、スツールは一般的なハイスツールよりも20〜30mm低い650mmとして、口もとを天板に近づけやすい寸法とした

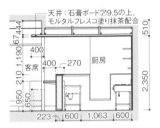

カウンター部断面図
[S=1:120]

PICK UP

1 ナン以外の料理を提供することも

最近のカレー店では、カレーをナンよりもライスと合わせて提供したり、ナン以外の現地の炭水化物メニューを扱っていることが多い。「カレー設計事務所」では、直径700mmの鉄板を置き、ロールと呼ばれる薄くて丸いパンで具材を包んだ料理をつくっている

インドの食事スタイルを踏襲し、客席は床座とした。木の座布団は厚さ45mm、テーブルの高さは120mm。高さを抑えることで、低い天井高（2,350mm）でも居心地がよく、目線が地面に近づくことで庭もきれいに見える

駐車場は4台分用意。本来は客数4人に1台の割合で確保することが理想だが、「カレー設計事務所」では近隣のコインパーキングも併せて利用し、不足分を補っている。左側の駐車スペースは、古い瓦を活用して床面に曼荼羅を描いている

本場のインテリアに着想を得た南インド料理店

神保町に立地する、南インド料理の専門店。飲食店だった物件の居抜き工事で、コストを抑えるため解体のみ業者に依頼し、改装はほぼすべてを店主夫婦が行いました。内装は、シェフの出身地でもある南インドの港町をイメージ。照明、カウンター、テーブルには予算を割き、イギリスやポルトガルなどの影響が濃いインドのヨーロピアンテイストでまとめています。

インドカレーは1食に出される小皿［75頁］の数が多いので、食洗機を導入すると効率的。食器の必要数に応じて収納スペースも検討する

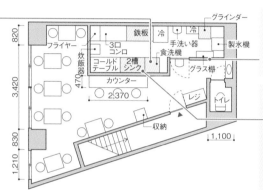

平面図
［S=1:150］

大型の厨房機器を搬入するため、厨房入口の壁とグラス棚は取り外しできるようにしている

カレー店では、洗い物をするシンクは3槽用意するのが理想的。接客時には油の付いた食器とドリンクのグラス、仕込み時は生野菜と調理器具など、目的別に使い分けるとオペレーションがスムーズになる

---- PICK UP ----

ドーサを扱う場合は
設備を中心に考える

南インド料理では、ドーサと呼ばれるクレープのような料理が特徴。生地を練るためのグラインダー［74頁］と、焼くための鉄板が必要なので、これらを中心に配置を決定した

壁と床は既存の仕上げを剥がし、壁は白の漆喰塗り、床躯体はコンクリートにワックスがけとした。テーブルには、インドの食堂でもよく用いられる大理石を使用。カレーやワインを扱う店舗なので、白の大理石に汚れが染み込まないよう、ウレタン塗装［※1］を施している

「三燈舎」所在地：東京都千代田区、開業：2019年、設計・写真：堀文子、堀佳隆、総面積：約43㎡、従業員数：2〜3名、回転数：非公開、客単価：2,000〜3,000円、工期：1カ月、工事費：非公開
※1 予算に余裕があれば、ポリウレタン塗装が最適

会員制店舗は高級感と閉鎖性が満足感を生む

オフィス街の路地奥に位置する、会員制の餃子店。くぐり戸のような入口と、和紙の内装や骨董品で和の雰囲気を演出。非日常的な緊張感を生むことで、特別な食事体験を印象付けています。

熱源を使用する調理器具は1カ所に集約。天井高が高い物件（3,900mm）だったため、IH餃子焼き機の蒸気がフードから漏れないよう、法定排気量+αの排気ファンを設置。給排気のバランスが崩れないよう、給気量も増やしている

コンパクトな厨房のため、作業の流れを依頼主と確認しながら厨房機器の配置を検討。「冫」ではテーブル上に設置する調理機器を背面にまとめ、客席側のカウンターは天板をフラットに。仕込み時のまな板作業や餃子の包み工程、接客時の盛り付けなどがカウンター上でスムーズにこなせるようにした

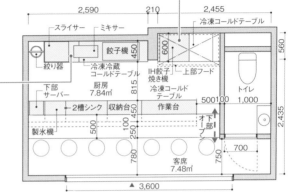

平面図 [S=1:80]

PICK UP

内装の各所に
和紙を活用

カウンターは、和紙にウレタンクリア塗装を7～8回重ねることで革のような質感になっている。厨房を含め、壁と天井は黒谷和紙[※2]張り。和紙で包むような空間とした[※3]

墨モルタル仕上げのファサード。開口は厨房機器の搬入に必要最低限の幅3,615×高さ1,780mmを確保。和風のスケール感とすることで閉鎖的な印象に

「冫（にすい）」所在地：大阪府大阪市、開業：2019年、設計：一級建築士事務所こより+atelier salt、写真：臼井淳一
総面積：15.3㎡、従業員数：2～3名、回転数：2回、客単価：3,000～4,000円、工期：2カ月、工事費：非公開
※2 京都府の黒谷町付近でつくられる、丈夫で破れにくい和紙。長期の保存にも耐え、古くから提灯、和傘などに使用されてきた。京都府無形文化財 | ※3 和紙自体も防火基準をクリアした製品を用い、さらにウレタンクリア塗装を施している

キーワードは熱気と活気と生活感

築70年のテナントビルに入居する台湾料理店。1階にカウンター7席、2階に12席（ボックス席×3）の計19席。さらに前面道路に向けてテイクアウト専用カウンターが設けられています。幅1.8mの開口からは、カウンターと並列した活気あふれる厨房の様子が見えます。

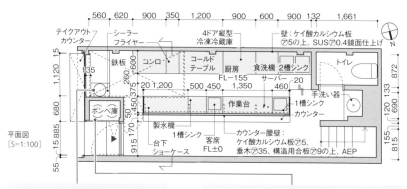

平面図
[S=1:100]

タピオカドリンクの容器を密閉するためのシーラーは、スペースをとるのであらかじめサイズを把握しておく。一般的な規格は幅260×奥行き300×高さ600mm前後で、単相100Vコンセントで使用可能だ [※5]

強い火力を保つため、プロパンガス [※1] を利用。法 [※2] により、ボンベの貯蔵庫はコンクリートブロックなどの不燃材で区画する、ボンベを常に温度40℃以下に保つなど、さまざまな構造規定 [※3] が設けられている。使用するボンベの容量 [※4] によって貯蔵庫の仕様が異なるので要確認

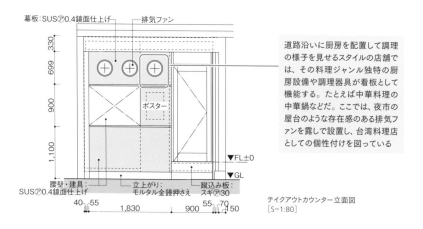

テイクアウトカウンター立面図
[S=1:80]

道路沿いに厨房を配置して調理の様子を見せるスタイルの店舗では、その料理ジャンル独特の厨房設備や調理器具が看板として機能する。たとえば中華料理の中華鍋などだ。ここでは、夜市の屋台のような存在感のある排気ファンを露しで設置し、台湾料理店としての個性付けを図っている

「台湾料理　斑比」所在地：広島県呉市、開業：2019年、設計：FATHOM、写真：足袋井竜也、総面積：1階22.5㎡、2階18.5㎡、従業員数：2名、回転数：7回、客単価：1,000〜2,000円、工期：2カ月、工事費：約800万円（厨房機器込み）｜※1 液化石油ガス（LPG）。プロパン・ブタンなどの天然ガスを圧縮し、常温で液化できる状態にしたガス燃料｜※2 液化石油ガスの保安の確保及び取引の適正化に関する法律施行規則（以下、LPガス保安法施行規則）、高圧ガス保安法｜※3 LPガス保安法施行規則19条、高圧ガス保安法11条、16条1項｜※4 コンロなど使用するガス器具の消費量をすべて合算して容量を導く。ガス容量は2〜50kgで、中華料理などガス使用量の多い店舗では50kgボンベ（φ370×H1,280mm、重量約90kg）程度の容量を要する｜※5 メーカーにより異なる

PICK UP

2 狭い間口でも 厨房の奥行きを確保

店舗の間口が2,770mmと限られていたため、客席をハイカウンターとし、その下に作業台を入れ込むことで厨房の奥行き600mmを確保。同時に2階への通路幅も確保した。また、カウンター腰壁も、客側は構造用合板にAEPのみとして厚みを抑えた

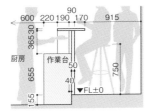

カウンター断面図［S=1:60］

PICK UP

1 夜市のような にぎわいを演出

食器や調理器具が所狭しと並ぶ1階は、客席と厨房とを近接させることによりスペースを取りつつ、夜市［※6］のような猥雑なにぎわいも演出している。また、厨房を際立たせるために看板は設置せず、ポスターを張るだけにとどめている

夜市の屋台がすっぽり入ったようなファサード。テイクアウトカウンターは、0.4mm厚の薄いステンレス鏡面仕上げとしたうえでダメージ加工を施し、わざとゆがませた。手垢や汚れの質感もまた味となって表れる

※6 主に東南アジアなどの熱帯地域で発展した屋台、移動販売などの集合体。気温の高い昼間に比べ、比較的過ごしやすい夕方から真夜中に営業する

銘木コの字カウンターでなじみ客との会話を楽しむ

中華の小料理と串焼きの専門店。依頼主は、同じ区内の千歳烏山で30年続く中華料理の名店「広味坊（こうみぼう）」創業者の娘。父の店舗で中華料理を学んだ後、フランス料理店や串焼き店での修行を経て、地元に戻り独立しました。15坪強の広さながらも調理から配膳まで依頼主1人ですべてを切り盛りし、客をもてなしています。

厨房と客席との動線上に、ド場と下げ台のスペースを配置。作業中にも客の様子が見られるよう、壁面に小窓を設けている

回転効率を考慮して、カウンターには一般的に1人掛けの椅子を設置するが、ここでは収容人数よりも居心地のよさを重視して長椅子を採用した

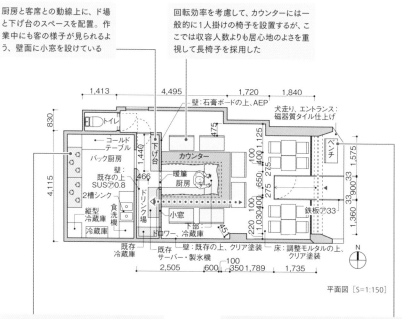

平面図［S=1:150］

火力がものをいう中華料理は、大量の換気量を満たせる環境かどうかが計画の肝。ここでは既存躯体にダクト用貫通孔（200×300mm）をあけて十分な排気ルートを確保した［※2］

食事中の風味を損ねないよう、店先に喫煙スペースを設ける配慮も忘れずに。なお、現在では2020年の法改正［※1］により、飲食店での屋内の喫煙は原則的に禁止されている

「Ren」所在地：東京都世田谷区、開業：2017年、設計：KAMITOPEN、写真：宮本啓介、総面積：52.2㎡、従業員数：1名、回転数：2回、客単価：1,000〜2,000円（昼）、2,000〜3,000円（夜）、工期：1カ月、工事費：非公開｜※1 健康増進法29条。従業員を雇用していないなど一定の要件を満たした既存店舗は、施行後も喫煙しながらの飲食等を行うことが認められている｜※2 入居先建物の躯体などに手を加える際は、建物オーナーより許可を得てから行うこと

PICK UP

1 調理過程を見せるカウンター

ターゲットは地元の顔なじみの客。依頼主との会話を楽しみながら食事できるよう、コの字形の大きな調理兼ダイニングカウンターを銘木（オーク材）[※3] で製作。腰壁はコンクリートブロックを芋積みとしてつくり、高級感をほどよく抑えている

PICK UP

2 顔なじみの客と会話を楽しめる仕掛け

調理カウンター（ステンレス部分）は木目のラインに合わせて現場加工し、一体化して家具の延長のような設えとした。一般的には見せない串の仕込みなどの調理過程をオープンに見せることで、気取らない雰囲気をつくりだしている

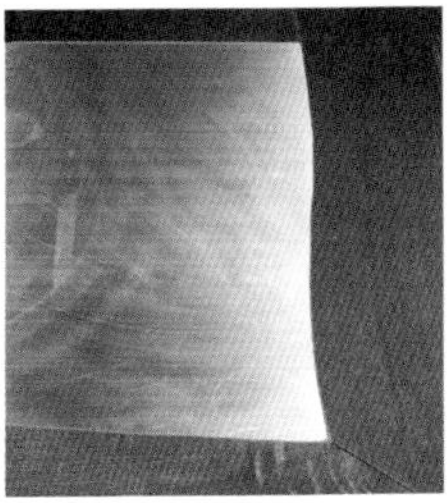

入口を縁取るように設けられた鉄板の囲いは、カウンターに立つシェフに視線を集めるとともに、長いアプローチによって店舗への期待感を高める効果がある。一方で、こうした装いは単価の高さを感じさせ、客を選ぶ一面も。ここでは、幕板にメニューと単価を載せることで入りづらさを軽減している

※3 制作費約30万円

バックヤード

バック厨房

トイレ

1,750

1,500

肉料理店

世代を超えて幅広い層から集客可能な肉料理店。客単価も比較的高い反面、衛生面や、煙・油対策などの面で解決すべき課題も多くあります。対策を怠ると、食中毒ややけど、臭気トラブルなど大変な事態になりかねません。何が必要かをしっかり理解することが大切です。

油煙（ゆえん）に対応した
排気設備が必須！

肉を焼くとき、油跳ねや煙の発生は避けられない。店内に排気がこもるのを防ぐため、十分な排気量の排気フードを設ける。排気に含まれる油は火災や臭気の原因にもなるため、店内だけでなく、近隣への油煙対策も徹底する。オイルミストコレクター［86頁］の導入も効果的

鉄板やフライヤーは
客から見える位置に

カウンター席でスタッフが調理する場合は、手元を見せることにより、嗅覚と視覚で食欲を刺激できる。小さい店舗では、調理をしながら客席に目を配れるというメリットも。ただし、油跳ねには要注意。耐熱ガラスを立てる、カウンターに立上りを設ける、奥行きをとるなどの対策が必要だ

高い清掃性か、油汚れが
目立ちにくい素材で対策

油跳ねと煙の多い肉料理店では、汚れへの対処も考慮しておきたい。油やすす汚れが付きやすい厨房の床は合成樹脂系塗り床やタイル、壁はステンレス、タイル、キッチンパネルなどがオススメ。客席近くに調理器具を設置する場合は、客用テーブルの天板にも目配りを。清掃性の高い素材を選ぶか、ウレタン塗装などで意匠性と機能性を両立するとよい。暗い色や模様の素材で汚れを目立ちにくくしてしまうのも手だ

※1 チルド室とは、冷蔵室と冷凍室の中間の温度（JIS規格で約0℃）を保ち、食品が凍り始める環境を指す。肉類や魚介類、発酵食品などの保管に適する。なお、最近ではもう一段階低い「パーシャル室」（−3℃程度）を備える冷蔵庫もあり、半冷凍の状態を保ちたい場合に用いられる｜※2「食品、添加物等の規格基準」（昭和34年厚生省告示370号）。飲食チェーン店での腸管出血性大腸菌食中毒の発生をうけて、2011年10月に生食用食肉に関する規格基準が定められた

肉専用のチルド室を設置する

肉の保存に適した温度は0℃前後（＝チルド）[※1]。頻繁に出し入れする食材と一緒に入れておくと、開閉によって10℃前後まで温度が上昇してしまう。鮮度を保つために、冷蔵庫は営業中に頻繁に使う食材用と肉の保存用とを分けておきたい

生食用食肉を提供する場合は
専用厨房が必要

ユッケ、タルタル、牛刺しなど、生食の肉を取り扱う店舗では、加熱調理用の厨房と区画した専用の厨房を設置することが定められている[※2]。専用の厨房には、手洗い器、調理器具洗浄用シンク、83℃以上の給湯能力を有する給湯設備または器具の設置などが義務付けられている

排気フード

厨房

コールドテーブル

フライヤー

2,500

1,000

1,800

客席

1,400

解説：飲食店デザイン研究所
イラスト：高橋哲史「とんかつ天元」[92頁]を元に作成

物件選びとコミュニケーションで近隣トラブル回避

● 肉料理店で避けるべき立地

アパレル　サロン　オフィス

肉料理店には排気ファンが必須。焦げ臭さ、油の臭いなどによるトラブルを避けるには、人が長時間滞在する住宅やオフィスの密集地、臭いの付きやすい衣服を扱うアパレル、よい香りを売りにしたサロンなどの近くは特に避けたほうがよい。また、排気ファンは稼働時の振動や音も大きい。上下階にテナントや住宅がある場合、ビルのオーナーだけでなく各階の入居者への根回しも必要だ

● 臭い対策は3段階で考える

1.臭いを元から断つ
まずは、臭いが発生する工程を明らかにすることが大切。肉料理の場合は、主に加熱調理時の焦げ臭さが挙げられる。換気のためと思って窓や出入口を開放すると、思わぬ広範囲に臭いが広がることも。煙は排気フードで吸い込み、影響のない場所に向けて排気する［※1］

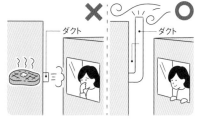

2.臭いを薄める
同じ排気量でも、排気口の高さや向きによって近隣店舗の利用者の感じ方はまったく異なる。周囲の建物の窓よりも排気口が高くなるよう、ダクトは屋上まで引き上げることを想定しておくとよい。排気口の位置も、風通しを確保、風下に向かって排気できるように計画する

3.臭いを取り除く設備を設置する
臭いが強い場合には、臭いを取り除く設備を取り入れるのが効果的。特に肉料理店では、調理に使った油が微粒子となって浮遊し、煙とともに排出される油煙（オイルミスト）が臭いの要因になりやすい。煙の油分を除去するグリスフィルタや、オイルミストコレクターなどを別途設置するとよい

解説：飲食店デザイン研究所
※1 外部だけでなく店内にも煙が充満しないよう、設備の排気能力はオーバースペックにするのがよい

肉料理の提供方法で設備を選ぶ

肉料理は、基本的に焼いて提供するので、焼くための設備が必要になります。その設備も、焼き方などによってさまざまなので、店の提供方法に応じて適切に選びましょう。

● 電気式鉄板 [※2]

お好み焼き、鉄板焼き、ステーキなどを調理できる鉄板。電気式は温度管理が容易。排熱も少なく、安全性が高い

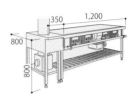

● ガス式鉄板

強火で調理する鉄板焼きなどに好適。ダクトを伴うので、調理中や厨房を移動する際、ガスコックや配管が邪魔にならないものを選びたい

● 無煙式ロースター [※3]

イベントなど一時的な利用、宴会場の中で場所を柔軟に変えたい場合など、排気フードを設置できないときに役立つ

● 卓上ロースター（ガス式）

卓上に設置し、焼き肉などに用いる。パンと網を取り換えればすぐに次の調理に移れるので効率的。回転率の上昇が見込める

● 卓上炭火焼きコンロ

炭火調理は、独特の風味が魅力的。単独排気設備とする、炭壺を置くなど、特有の基準があるので導入には要注意

● 炭壺

燃え残りの炭を適切に処理するために必要。ふたで密閉することで酸素を遮断し、安全に消火できる。火元から1m以上離して設置することが望ましい

解説：阪口光治｜※2 調理方法として電気、ガス、炭火のいずれを用いるかは、調理する料理のほか、依頼主の希望や、物件の設備スペックによって選択する。コストは一般的に、ガス、電気、炭の順に高くなる｜※3 鉄板のすぐそばで煙を吸い込み、内部でグリスフィルタや脱臭剤を通すことで煙を広げない

広いカウンターと距離の近さで大人の隠れ家をつくる

和牛をメインに出す創作料理店。隣には同じ依頼主が経営する人気焼鳥店があり、そのリピーターをこちらの店舗の客として見込んだお店。知る人ぞ知る隠れ家的な存在で、プライベート感のある設えとしています。

厨房とカウンター席との仕切りに開口を設けた。厨房からも客席の様子を把握できるので、少人数でもスムーズにオペレーションできる

カウンターがある場合は、厨房機器や手元を客に見せるか見せないかも重要。このカウンターではドリンクの準備と会計業務を行う。その手元を客の視界に入れないよう、カウンター天板高さを1,050mm、作業台高さを750mmとし、作業台の奥行き450mmのうち270mmがカウンターの天板で隠れるように計画した

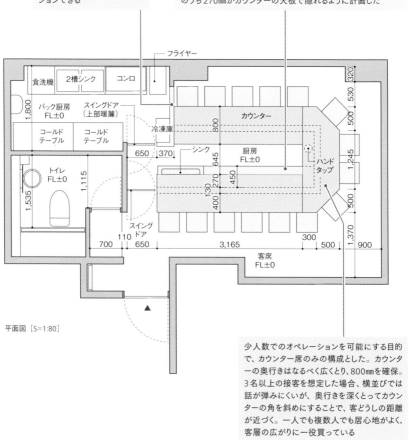

平面図［S=1:80］

少人数でのオペレーションを可能にする目的で、カウンター席のみの構成とした。カウンターの奥行きはなるべく広くとり、800mmを確保。3名以上の接客を想定した場合、横並びでは話が弾みにくいが、奥行きを深くとってカウンターの角を斜めにすることで、客どうしの距離が近づく。一人でも複数人でも居心地がよく、客層の広がりに一役買っている

「三鷹　和牛倶楽部」所在地：東京都三鷹市、開業：2018年、設計：飲食店デザイン研究所、総面積：35.3㎡、従業員数：2～3名、回転数：1.8回、客単価：6,000～8,000円、工期：1ヵ月、工事費：非公開

PICK UP

2 ビニルレザーで
ヴィンテージ感を演出

カウンターにはビニルレザー（PVC）を用い、ヴィンテージ感とラフな雰囲気を演出した。レザーは本革と合皮に大別され、合皮にはPVCやPU［※1］がある。日々の手入れは、乾拭き、水拭き、希釈した中性洗剤での清掃。PUの場合は水分が残ると表面硬化を起こすので、しっかりと水分を拭き取る。アルコールでの清拭は劣化を招くため避けたほうがよい

PICK UP

1 隠れ家ならではの
サイン

入口の扉には、ドアの下のほうに牛のサインが1つ付いているだけ。一見して飲食店かどうかも分からないが、客の好奇心をくすぐるようなデザインとした

PICK UP

3 ビールを入れる
動作を見せる

クラフトビールをリアルエール［※2］専用ハンドタップで提供する。井戸のポンプのようにレバーを上下に動かすタイプで、提供する様子がパフォーマンスとなるため、どの席からも見える位置に設置した

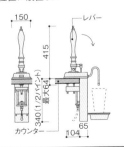

入居前は音楽スタジオが入っていた物件で、内装はコンクリート打放しの躯体が露しになっていた。その照明が直接当たる部分の壁・床は汚れが目立ったため、暗いトーンに塗装した。照明が暗いこともあり、天井はEP、床と壁はすべてクリア塗装という最小限の仕上げとして、コストダウンを図った

※1 基布の表面に皮革のような質感を模すための塩化ビニルを用いたものをビニルレザー（PVC）、ポリウレタンを用いたものをポリウレタンレザー（PU）と呼ぶ。合皮は、基本的には10年程度はもつと考えてよい｜※2 イギリス発祥の、伝統的な製法によるビール。無濾過・非加熱で製造され、ほぼ無炭酸であることが特徴。客への提供には特殊なハンドポンプを用いる

調理の技に視線を誘導する上質なインテリア

祇園という土地柄から、上質な大人の隠れ家をコンセプトとしている肉料理専門店。シックで落ち着いた雰囲気ながら、肉の焼ける様子が最も映えるように内装や照明を計画しました。内装には、経年変化に強く、かつ、煙によるすす汚れが目立たない暗い色の素材を用いています。

カウンターはナラの突き板（板目）に鉄分を塗布して変色させ、木目を際立たせた。木材は、木目の生かし方次第で印象が変わる。飲食店の場合、提供する料理やうつわとの相性で最適な木目が異なるので、空間の目立つ部位に用いるならば、複数のサンプルを用意し、依頼主と一緒に選ぶとよい

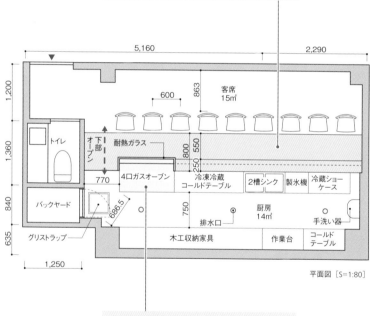

平面図 [S=1:80]

「祇園新橋 川勝」では、調理の手元を客に見えるように設えることが最優先事項だった。そこで4口ガスオーブンの正面に耐熱ガラスを立てた。カウンター上や厨房内を照らすダウンライトとは別に、鉄板の上を照らすスポットライトを設置している。肉がおいしそうに見えるよう、色温度は2,700Kと低めに設定

「祇園新橋　川勝」所在地：京都府京都市、開業：2018年、設計：一級建築士事務所こより+atelier salt、写真：臼井淳一、総面積：29㎡、従業員数：1名、回転数：2回、客単価：8,000円、工期：1.5カ月、工事費：非公開

2 鉄板に視線が集まる ライティング

焼き場を客に見せるお店では、鉄板廻りに
視線が集まるように照明計画を考えるとよい。
ここでは、調理の手元を照らすためにカウン
ター上部のステンレス部分にも照明を仕込
んでいる。また、隠れ家のような明るさを抑
えた空間では、色温度や光の質（スプレッド
レンズで調整）、調光などで全体を演出する
のが肝だ

1 経年変化に対応できる 素材や色味を選ぶ

経年変化に強い仕上げ材（左官仕上げや金
物）を意識的に使用し、数年経っても良い
空間になるように工夫している。肉料理が
メインの場合、煙が発生するのですす汚れ
が目立たないよう色味のトーンを落とすのも
ポイント

内装はモルタルで仕上げ、照明を当てて質
感を強調。一部に用いた真鍮などの反射の
強い金属がアクセントに

料理のイメージから内装のアイデアを得る

カウンター席のみのとんかつ店。「とんかつの衣は肉の断熱材」という依頼主の言葉から、断熱材として使われるコルク材で内装を覆うコンセプトを発想しました。床・壁・天井だけでなく、カウンターの天板、ダウンライトのシェードまでをコルク板で仕上げ、柔らかな印象の店内としています［※］。

とんかつを揚げている間は目を離すことができないため、調理中も客席の様子を把握できるようにフライヤーは中央に配置。肉料理店では、店内に匂いが充満しないよう、給排気をオーバースペック気味にするのがよい。「とんかつ天元」はビルのテナントなので、給気を十分に確保するため、外部に給気ボックスを設置している

カウンターの天板は水や汚れが付きやすいので、コルク材を使用する場合はウレタン塗装を施しておくと安心

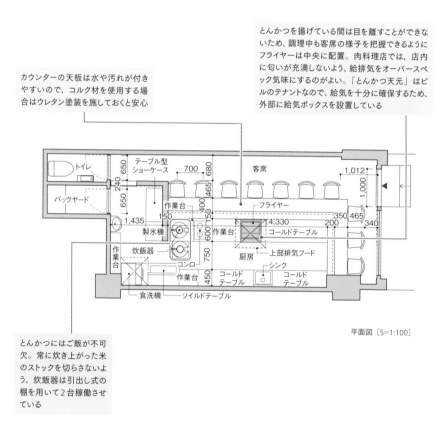

平面図［S=1:100］

とんかつにはご飯が不可欠。常に炊き上がった米のストックを切らさないよう、炊飯器は引出し式の棚を用いて2台稼働させている

「とんかつ天元」所在地：東京都目黒区、開業：2019年、設計：KAMITOPEN、写真：宮本啓介、総面積：28.6㎡、従業員数：2名、回転数：3～5回、客単価：3,000～4,000円、工期：1カ月、工事費：非公開 ※ 商業施設のテナントなど、内装制限のある物件の場合は採用に注意が必要。炭化コルクなど、防火材料として使用できる製品もある

2 さまざまな表情の コルクを使用

コルクは、削っても再生する植物なので、エコの観点からも注目の建材のひとつ。ただし伸縮しやすいので、床に使う場合はフローリング材のように実加工されているものを使う。ここでは、部位によってさまざまなコルクを使い分け、空間を構成している

1 客への配慮を 考えた計画に

厨房は客席より床レベルを150mm下げることで、客席に油が跳ねにくいようにしている。また、揚げ物を扱う場合は、作業中離れられないので店内が見渡せる位置にフライヤーを置く［右頁］など、客への配慮を考えた計画にする必要がある

天井は、コルク材のフローリングに吹付け塗装を施している。塗装などで色合いの変化をつけることで、同じコルク材でまとめても引き締まった印象になる

総菜・精肉店

テイクアウトが主体の総菜・精肉店は、外食需要が落ち込んだコロナ禍以降、人気が高まった業態の1つ。メニュー単価が1000円未満と低いので、頻繁に利用してもらえる店舗にすることが成功の鍵。気軽に立ち寄れる開放的な雰囲気づくりを心がけましょう。

道路からショーケースが見えるように

客の購買意欲を刺激するには、実際の商品を見てもらうのが最も効果的。総菜や精肉が並んだショーケースを通りから見える位置に配置すれば、入店したことのない客も商品を目当てにして店内に入りやすくなる。店内がよく見えるよう、入口をガラス張りにしたり大きな開口部を設けたりするとよい

アルミカート

蒸し器

フライヤー

3,400

売り場

厨房とバックヤードをL字に配置し、売り場を最大限に

お昼時や帰宅時間など、店内が一時的に混み合う時間帯にも店内に入れない客を逃すことがないよう、小さな店舗であっても売り場のスペースはできるだけ広く取りたい。厨房やスタッフルーム、トイレなどのバックヤード部分をL字に配置すると、売り場スペースを広く確保することができる。また、接客・調理・補充のためショーケースと厨房の間はスタッフが頻繁に往復するため、少しでもよりスムーズな動線になるよう考慮したい

つくる過程を見せて待ち時間も楽しく演出

厨房と売り場は完全に区画する必要があるが、大きなガラスの開口を設けて厨房の様子が見えるようにするとよい。安心・安全をアピールできるだけでなく、注文を受けてからつくり立ての総菜を調理する際、客が待ち時間に手持ぶさたになるのを避けられる

テイクアウト専門は
照明の色温度を上げる

イートインの飲食店では、落ち着ける空間づくりのため色温度2,700Kほどの暖色の照明が基本となっている。一方、テイクアウトがメインの店舗では、居心地よりも商品をおいしそうに見せることを優先したい。Ra90以上の演色性の高い照明や、食品専用の照明[101頁]が理想的

2,550

3,050

トイレ

グリストラップ

バックヤード

ショーケース

厨房

1,800

会計
カウンタ

1,550

1,300

オープン型
ショーケース

8,550

ショーケースは下の段の
見やすさも大切

ショーケースが2段以上の場合、下段の奥行きが上段よりも深いと、下段の商品が見やすくなる。常温のショーケースを製作する場合に取り入れたいアイデアだ。また、小さな店舗では、省スペースのためショーケースの天板を会計カウンターとして活用するのも一案

グリストラップのトラブルを回避する

グリストラップとは、飲食店の厨房から油分や残飯が下水に流出するのを防ぐための設備。建築基準法施行令、下水道法、水質汚濁防止法の規定により、水質汚濁の可能性が高い重飲食店［165頁］ではグリストラップの設置が求められます。管理や運用の詳細は自治体ごとの規定もあるため、事前の確認が必須です。

● グリストラップの種類と特徴

種類	屋内埋設型	屋内床置型	屋外埋設型
	848／498／200　グレーチング　側溝接続部	540／345／300　流入管接続部	グレーチング　700　流入管接続部　1,200／500～600
特徴	・厨房の床下に埋設するタイプ。側溝から流入する方法とパイプから流入する方法がある ・厨房のスペースを圧迫しない ・浅型が多いので掃除がしやすい ・床に埋設するため、厨房の床レベルが高くなる ・掃除を怠ると店内に悪臭が発生する	・床上に設置するタイプ ・設置のための工事が不要なので、イニシャルコストを抑えられる ・居抜き物件の場合、後付けも容易 ・設置場所によっては厨房の動線を妨げる可能性がある ・重飲食店では容量が不足することがある	・店舗の裏口付近など、屋外に埋設するタイプ。流入方法には側溝式とパイプ式がある ・臭いが店内に充満しない ・機器の容量が大きいので大型店舗や重飲食店でも運用しやすい ・2階の店舗や、敷地に余裕がない場合は設置できない ・深型の場合は掃除を業者に頼む必要がある
施工コスト	60万～100万円	20万～30万円	80万～120万円

● メンテナンス頻度

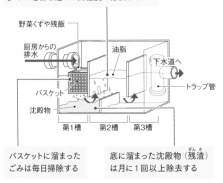

水面に浮いた油脂分が多い場合は毎日、少ない場合も週に1回程度は除去する

野菜くずや残飯
厨房からの排水
油脂
下水道へ
バスケット
トラップ管
沈殿物
第1槽　第2槽　第3槽

バスケットに溜まったごみは毎日掃除する

底に溜まった沈殿物（残渣）は月に1回以上除去する

グリストラップの内部は3槽に分かれている。第1槽では、油脂や野菜くずなどを多く含んだ厨房の排水から、バスケットで大きなごみを取り除く。第2槽・第3槽を通過する間に油脂分が浮上し沈殿物が沈むことで分離が進み、残った水が下水道へと流れる

設備や容器のサイズも押さえておこう

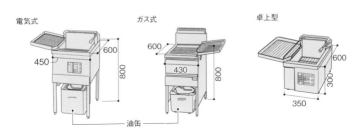

電気式　　　　　　　　ガス式　　　　　　　　卓上型

● フライヤー

フライヤーには主に電気式とガス式がある。電気式は空焚きなどによる火災のリスクが低く、温度管理が自動で可能。ヒートパイプで温めるガス式より掃除が容易というメリットも。一方、ガス式は温度が下がりにくいため大量調理に適しており、価格が電気式より安価な傾向がある。店舗の規模や提供メニューに応じて選びたい［※］。また、種類の異なる揚げ物を調理する場合には2槽式、設置スペースが限られる場合には卓上タイプが便利

● 真空包装機

食材を真空包装する機器。食材の鮮度を保ちながら、最小限のスペースで保管できる。肉や魚などを多く取り扱う店舗ではメリットが大きい

● 料金はかり

量り売りをする店舗では、計量と料金計算を同時に行える料金はかりが便利。ショーケースの天板に設置スペースを見込んでおきたい

3品入るタイプ　　フタ　　深さのあるタイプ　　フタ　　揚げ物などに適したタイプ

● テイクアウト用容器

テイクアウトがメインの総菜・精肉店では、設計時に包装資材の置き場も見込んでおく。ショーケースの近くに1日以上の必要量が納められ、店舗全体で1カ月分以上の資材をストックできるのが理想。使用する資材の種類、1日の販売数を依頼主にヒアリングして収納スペースを確保する

解説：阪口光治

※ 電気式のほうがガス式より排気が少なく、厨房の温度が上がりにくいため、空調のランニングコストが抑えられる

非飲食店を店内で飲食もできる惣菜店に改装

築50年を超える住宅をリノベーションした惣菜店。家庭的な惣菜を提供する店舗なので、自宅のように落ち着ける空間をコンセプトにしています。以前はクリーニング店だったため、新たに厨房を不燃材料で区画する必要がありました。なお、古い建物は基礎によって道路面と室内床面に段差ができるので、段差解消のためのコストも見込んでおきましょう。

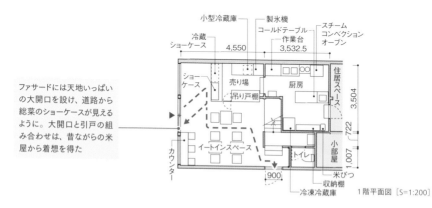

ファサードには天地いっぱいの大開口を設け、道路から総菜のショーケースが見えるように。大開口と引戸の組み合わせは、昔ながらの米屋から着想を得た

1階平面図 ［S=1:200］

PICK UP

常温のショーケースは内装に合わせて造作

常温のショーケースは依頼主に品数をヒアリングし、内装に合わせた木で製作した。隣に並ぶ既製品の冷蔵ショーケースと棚板の高さをそろえている

テイクアウト以外に、カウンターで選んだ総菜にご飯やみそ汁を添えて定食を提供するイートインスペース（12.9㎡）も設けた。初来店の客に味を知ってもらう狙いもある。テイクアウトのリピーター客になってくれれば、との意図である

「ふっくる」所在地：東京都小平市、開業：2017年、設計：solva、写真：宮坂由香、総面積：42.8㎡、従業員数：2名、回転数：非公開、客単価：1,400円〜、工期：16日、工事費：約540万円

総菜店はにぎやかで入りやすい印象のファサードに

「地元のみなさんに、日々の生活を潤すちょっとしたぜいたくを提供したい」というコンセプトの総菜店。立地は駅と住宅街の中間地点で、地元の人が日常的に立ち寄りやすい地域にあります。もともとハンバーガー店だった居抜き物件を活用して、にぎやかで温かみのあるファサードに改装し、外からも購入できるテイクアウトスペースを設けました。

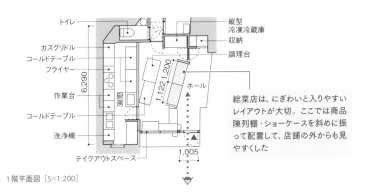

トイレ
縦型冷凍冷蔵庫
収納
ガスグリドル
コールドテーブル
調理台
フライヤー
作業台
厨房
ホール
コールドテーブル
洗浄機
テイクアウトスペース

6,290　1,122　1,200　1,005

1階平面図［S=1:200］

総菜店は、にぎわいと入りやすいレイアウトが大切。ここでは商品陳列棚・ショーケースを斜めに振って配置して、店舗の外からも見やすくした

◯ PICK UP ◯

調理を見せて
購買意欲を高める

厨房の様子が見えるように計画することで、厨房で調理されるおいしそうな総菜の様子が伝わりやすい。客の購買意欲をそそるつくりになっている

ファサードは、改装前よりも開口部を増やしにぎやかな印象に。道路に向けてテイクアウトスペースを設けたことで、店内に入ることなく総菜を気軽に買うことができる。客がちょっとした荷物を置くことができる棚（幅400×奥行き200㎜）も設置した

「Kitchen KOTOYA」所在地：東京都大田区、開業：2021年、設計：HACOLABO、写真：高木成和、総面積：約30㎡、従業員数：3名、回転数：非公開、客単価：1,000～2,000円、工期：1カ月、工事費：非公開

半屋外の店内で気軽に立ち寄れる精肉・総菜店

コロナ禍に伴い、焼き肉店からの転換を図った家庭向けの精肉・総菜店。立地は駅のすぐそばの商店街から1本入った場所。精肉のほか、肉入りのコロッケや野菜炒めなどを扱っています。総菜はつくり置きではなく、注文を受けてから調理し、出来たてを提供しています。調理の様子が見えるよう、厨房はガラス張りに。

生肉を扱うため、調理器具の消毒用としてすぐに熱湯が使えるようにすると便利

常時3〜4人のスタッフが働くこの店舗では、厨房、フライヤー、注文・会計カウンター、精肉ショーケースにそれぞれスタッフを配置する。各々行き来が激しいとオペレーションが大変なので、極力移動のないように設備類を配置した

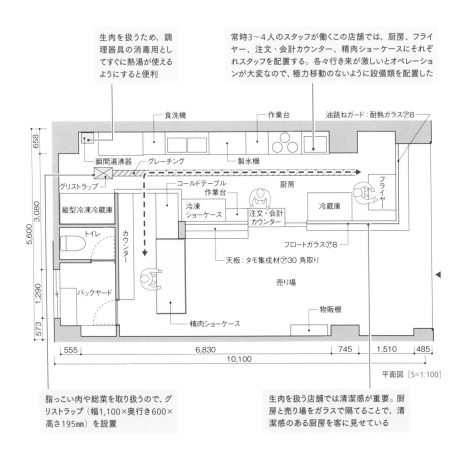

平面図［S＝1:100］

脂っこい肉や総菜を取り扱うので、グリストラップ（幅1,100×奥行き600×高さ195mm）を設置

生肉を扱う店舗では清潔感が重要。厨房と売り場をガラスで隔てることで、清潔感のある厨房を客に見せている

「黒澤精肉店」所在地：大阪府柏原市、開業：2020年、設計：PROCESS5 DESIGN、写真：山田圭司郎、総面積：約6㎡、従業員数：4人、回転数：非公開、客単価：70円〜工期：1カ月、工事費：約830万円

PICK UP

精肉の赤身を
強調する仕掛け

精肉ショーケースは店舗の幅に合わせて特注し、赤身を強調する色温度の演色LED（2,800K）を設置した

カジュアルで入りやすい雰囲気とするため、内装材は日常的に目にする木やコンクリートブロックで構成。懐かしさのあるコンクリートブロックをカウンターの腰壁として使用し、アクセントとした。店の前を通る人の目にコロッケなどを調理する様子が飛び込むような設え。半屋外のような店内が、歩道の延長のような気軽に立ち寄れる印象を与える

コロッケなど日常の食卓に並ぶ総菜を調理する場所を店先に配置することで、歩道の延長にある食卓の印象を与える。街に開けたプランなので、人が集まる場所にもなる

COLUMN

食材をおいしく見せる照明

おいしそうに見える色温度は、食材によって異なる。特に総菜店などでは、陳列されている食材や料理がおいしそうに見えなければ、客の購買意欲が高まらない。食べ物をおいしく見せるためのLEDには、すべての食材に適した「高演色タイプ」と、各食材に特化した波長をもつタイプがある。店舗販売する食材に応じて、適切な照明を使い分けたい。

■各食材に適した色温度（高演色タイプ）

食材	精肉	パン・総菜	青果	鮮魚
色温度	3,000K	3,500K	4,000K	5,000K

自然光に近い高演色タイプの照明は、どのような食材もおいしそうに見せることができる。さらに、食材の色に近い色温度の照明を選ぶことで、食材本来の色味をより引き立たせることができる

菓子店

客に見せる／
見せないを意識しよう

菓子店ではショーケースや店内をいかに魅力的に見せるかが集客のポイントになります。「自分へのご褒美」や差し入れなどの用途で利用する人が多いため、内装は非日常感や高揚感を喚起する上質なデザインにするのがポイントです。

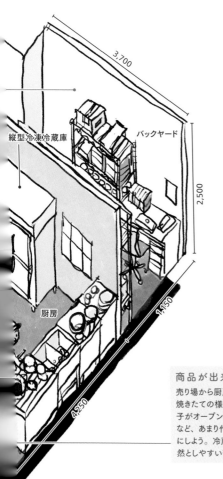

3,700

縦型冷凍冷蔵庫

バックヤード

2,500

厨房

1,150

4,250

商品が出来上がる工程を見せる

売り場から厨房が見えるよう計画すると、おいしそうな焼きたての様子や手作り感が伝わり買いたくなる。菓子がオーブンで焼きあがる様子や、最後のトッピングなど、あまり作業場が汚れない工程のみを見せるようにしよう。冷蔵後の中や原料の保管スペースなど、雑然としやすい部分も見せないように注意したい

販売個数に応じて
ショーケースのサイズを選定する

ショーケースは菓子店の顔になる。サイズは1日の販売個数に合わせて決める。販売個数に対してオーバースペックのショーケースを選ぶと売り場スペースを圧迫してしまううえ、ショーケース内にスカスカに置かれた商品はおいしそうに見えないので要注意

店内のショーケースが外から見えるように工夫する

ショーケースは道路から見える位置に配置。入口を大きめに構えてガラスの建具にするなど、外から商品が見える工夫をすると集客につながる。ショーウィンドウのように窓際に商品陳列棚を置き、焼き菓子や商品のサンプルを並べるのもよい。外が明るいと逆光で店内が見えづらくなるため、商品にしっかりと照明が当たるよう注意する

包装資材用のストックスペースを確保する

菓子店は包装資材のストックが意外と面積をとりやすい。売り場や厨房を圧迫しないように、あらかじめ原料用とともに包装資材用の保管スペースも計画しておこう。同じ場所に保管する場合、小麦などの重たい原料は下の方に、トレーや包装資材などの軽いものは上の方に収納する。また、その日に使用する包装資材は取り分けて会計カウンターの下などにしまえるようにするとよい

生地づくり→成形→焼成→冷却の動線をスムーズに

厨房は、菓子づくりの工程に合わせて動線計画と設備配置を行おう。原料を混ぜるミキサーと、成形するための作業台は近接させる。焼き上げた後は冷却の必要があるため、オーブン近くに冷却用のラックを配置する

ショーケースと会計カウンターは分ける

会計・商品引渡し用のカウンターは、下部に製氷機（ドリンクを提供する場合）などの厨房機器を置くこともあるため、高さ900～1,000mm程度がオススメ。ショーケースの天板高さは1,000mmを超えることもあるので、会計・商品引き渡し用のカウンターを兼ねるには使いにくい。清潔感も損なわれるため、別に設けたい

トイレ

パティスリーオーブン

会計カウンター

ショーケース

売り場

道路

B250

解説：飲食店デザイン研究所
イラスト：高橋哲史「atelier Cheri+m」（ルビ：アトリエシャリム）［106頁］を元に作成

菓子製造業営業許可でイートインの利用が可能に

菓子店を開業したい場合、菓子製造業営業許可が必要になります。菓子製造業の営業施設には、原料保管室、製造室、製品保管室を区画して設けるのが原則です。原料保管室と製品保管室は、原材料や製品を衛生的に保管できる棚などがある場合は設ける必要がなくなります。また、別に簡易的でも包装する場所を設けると卸売りやイベント出店、通信販売などを行えます。包装室を設ける場合、製造室とは完全に区画し、それぞれに手洗い設備と消毒用のせっけんを用意しましょう。

● 菓子製造業許可でできること[※1]

	食品衛生法改正前	食品衛生法改正後
店内で製造した菓子の店内販売	可	可
店内で製造した菓子のネット販売	可	可
店内で製造した菓子の業者への卸売り	可	可
店内で製造した菓子などにドリンクを添えて提供	不可（飲食店営業許可が必要）	可
店内に客席を設ける	不可（飲食店営業許可が必要）	可
店内で製造した菓子以外の食べ物（パスタなど）を提供	不可（飲食店営業許可が必要）	不可（飲食店営業許可が必要）

菓子製造業営業許可と飲食店営業許可では、対象になる品目と提供方法の区別があるが、2021年の改正でその一部が緩和された。菓子にドリンクを添えて提供することと、店内に客席を設けることが、菓子製造業営業許可のみで可能になり、イートインで菓子にドリンクを添えて楽しんでもらえるように［※2]

解説：飲食店デザイン研究所
※1 2021年の食品衛生法改正の内容を含んだ菓子製造業に関する事項の一部抜粋｜※2 もともと菓子製造業でテイクアウトや卸売りが許可されていた菓子の定義は「常温で一定の形状を保てて、一般的に菓子として認識されるもの」とされ、食パンやカレーパンも含まれた。サンドイッチやホットドッグなど具材を挟むものは、飲食店の許可が必要だったが、改正により、サンドイッチは菓子製造業で製造・販売が可能になった

菓子製造業ならではの機器

● パティスリーオーブン

釜の密閉性が高い菓子店向きのオーブン。スポンジのようにふっくら仕上げたい菓子にも、マカロンのようにさくっとした食感が重要な菓子にも対応できる

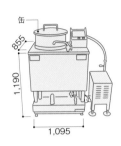

● 全自動式蜜漬豆煮機

あんこをつくる際、豆煮から蜜漬までの各工程を自動で行う機械。缶内で蜜を対流させて濃縮し、短時間で蜜漬が可能

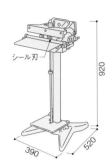

● 踏み式シーラー

加熱したシール刃で袋を挟んで熱接着して密封するシーラー。厚手の袋を使用する場合や、脱気する必要がなく大量の包装をする場合にお薦め

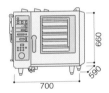

● スチームコンベクションオーブン

強力なスチームで食材に熱を加え、短時間でムラなく調理できるオーブン。庫内の温度を一定に保つためのファンの風量が調節でき、形を崩したくない菓子の生地などもきれいに仕上がる

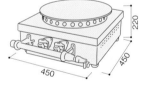

● クレープ焼き器（ガス式）

ガス式は安価で高火力だが、温度管理が難しく過度な高温になりやすい。一方、電気式は温度調整が容易で熱気の発生が少ないが、高価で、生地を焼く際、鉄板温度が下がりやすい

● 餡練機

餡を練る際に原料の混合と撹拌を行う機械。手作業よりも高温・短時間で練り上げることができるため、餡の甘さがすっきりとしやすく、大量に作ることも可能になる

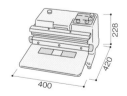

● 脱気シーラー（ノズル式）

閉時に中の空気を抜き、鮮度を保ち、中ずれも防止する。ノズルで袋の空気を吸引するノズル式と、包装物を入れたボックスごと真空にするチャンバー式［※3］がある

約10坪で調理から販売まで1人で行う店舗

テイクアウト専門のケーキ販売店。依頼主が1人で回せるよう、売り場や厨房、事務所を必要最小限の広さにまとめています。約10坪の細長い店舗で、売り場と厨房は約3.5坪ずつとし、残りの約3坪を事務所やストック置き場として使用しています。

客から見えない厨房内は既存天井露しのまま、塗装も略し、コストを抑えた

依頼主（店主）が販売の合間に仕込みながらも来客に気づけるよう、厨房と売り場の間仕切はガラスに。客からも厨房内が見えてしまうので、コールドテーブルなどは中が見えない向きに配置した

レジはiPadを導入。雑然となりがちなレジ廻りの設備を背面カウンターに隠すことで、客の目が自然とショーケースに留まるよう配慮している

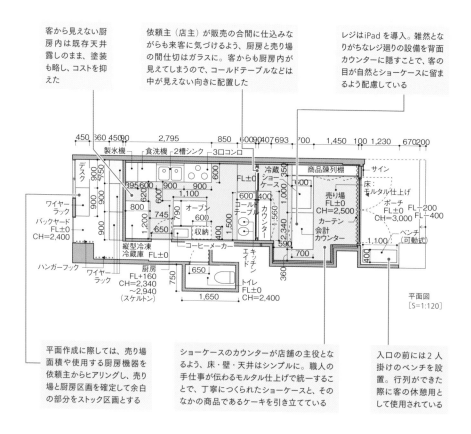

平面図
[S=1:120]

平面作成に際しては、売り場面積や使用する厨房機器を依頼主からヒアリングし、売り場と厨房区画を確定して余白の部分をストック区画とする

ショーケースのカウンターが店舗の主役となるよう、床・壁・天井はシンプルに。職人の手仕事が伝わるモルタル仕上げで統一することで、丁寧につくられたショーケースと、そのなかの商品であるケーキを引き立てている

入口の前には2人掛けのベンチを設置。行列ができた際に客の休憩用として使用されている

「atelierCheri+m」所在地：兵庫県神戸市、開業：2018年、設計：一級建築士事務所こより+atelier salt、写真：臼井淳一、総面積：33㎡、従業員数：1名、回転数：非公開、客単価：1,000〜2,000円、工期：2カ月、工事費：約1,000万円

2 印象に残る
ファサードに

ケーキ販売店の客の滞在時間は短い。そこで、いかに素早くコンセプトを伝えられる設えとするかが肝となる。ファサードも重要で、通りすがりの通行人の印象にも残るようなつくりとしたい。ここでは営業時間外はガラス戸とカーテンを閉めるが、カーテンはやや透け感のあるリネンを選び、内部の様子が外に伝わるようにした［写真上］。また、営業時には
カーテンを開けるが、畳み代が外から少し覗くように設計し、その青色を空間のアクセントとして利用している［写真下］

1 高級感のある
ショーケースに

ショーケースと会計カウンターは、一体に見えるようなつくりにすることで、高級感のある什器に見せられる。同時に、ショーケースの下部にあるモーターも隠蔽した。ショーケースのサイズは、1日にどれくらいの数や種類のケーキを並べたいかによって判断する。ショーケースは店主が自ら選んで購入することも多いので、設計者は事前に品番などを共有しておきたい

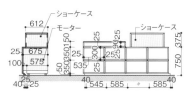

カウンター断面図［S=1:100］

約10坪の縦に長いお店。売り場と厨房はそれぞれ約3.5坪程度で、どこに居ても客に対応できるようなつくり

ギャラリーのようなディスプレイで商品を印象づける

テイクアウト販売のみを行うシフォンケーキ専門店。最寄りの下北沢駅から徒歩3分ほどの商店街に位置します。特注オーブン窯で、計算し尽くされた温度・湿度管理のもと、焼き上げたシフォンケーキを提供しています。

計画当初はオーブンを客に見せることで臨場感を演出する予定だったが、菓子製造室と売り場との間に区画が必要だったため計画を変更し、オーブンの焼き上がる様子が見えるモニターを設置した

ギャラリーのような雰囲気や上質なシフォンケーキのイメージに合わせ、カウンターは巨大な大理石風のモルタル造形を設置。職人が現場で仕上げた。カウンター内部にはシフォンケーキを陳列するためのショーケースを設置

平面図 ［S=1:120］

外からでも、シフォンケーキの雰囲気を感じられるファサードに。陽が落ちても照明によって内部のディスプレイまで見える

「MICHAELCLAVIS TOKYO」所在地：東京都世田谷区、開業：2020年、設計：HACOLABO、写真：高木成和、総面積：約44㎡、従業員数：2〜5名、回転数：非公開、客単価：〜1,000円、工期：1カ月、工事費：非公開

2 ギャラリーのような雰囲気で商品を魅せる

店内には、シフォンケーキを並べた印象的な壁面ディスプレイが設置されている。一つひとつ丁寧につくられたシフォンケーキを作品に見立て、それを展示するギャラリーのような雰囲気だ。無機質なショーケースにふわふわの製作したサンプルを陳列することで、シフォンケーキの柔らかさを一層引き立たせている

1 印象を壊さないパーティション

コロナ禍の最中に開業したため、ウィズコロナ時代の対策としてレジ廻りのパーティションは簡易なものとせず店舗の雰囲気を壊さないよう一体でデザイン。ステンレス製で縁取りした、幅2,575×高さ600×厚さ6mmのガラスを天井からワイヤーで吊り下げている。非接触で会計が行えるよう、客側には客自身の手で出し入れできるカードリーダー置きを取り付けた

┤ COLUMN ├

ショーケースは並べる商品に応じて選ぶ

食品の美味しさを保つためには、菓子や惣菜などの種類に応じて最適な温度・湿度で保存できるショーケースが必須。また、客が自ら商品を取れるスタイルにしたい場合は、前面にガラスがないオープン型のショーケースを選定するなど、店舗のコンセプトとの相性も考慮したうえで製品を検討する。

洋菓子用冷蔵
ショーケース（2℃）

850
550
850
1,200

チョコレート用冷蔵
ショーケース（15℃）

270
780
650
1,000

惣菜用オープン
ショーケース（5℃）

750
550
850
1,500

コンパクト冷蔵
ショーケース（3℃）

600
550
700
1,000

高級感が購買意欲を高めるフルーツ大福店

特に最近人気が高まっているフルーツ大福の専門店。ライバル店が多いだけに、商品のみならず内装などでも差別化を図っています。商品は、三重県の老舗の和菓子店「大徳屋 長久」と共同開発した餅と白餡が特徴。商品単価が高めのため、自分への「ご褒美」として買い求めに行きたくなるような高級感のある内装を目指しています。

バックヤードを広めに4.79㎡（店舗全体の約5分の1）確保。また、店長用の事務スペースとは分けて、スタッフが気を遣わずに休憩・身支度ができるようにした。余ったスペースは包装資材置き場として活用

大福のサンプルが客の視線の先にくるよう、カウンター高さは一般的なものより150mmほど低く1,100mmとした。下部はコールドテーブルや包装資材を置く棚になっている

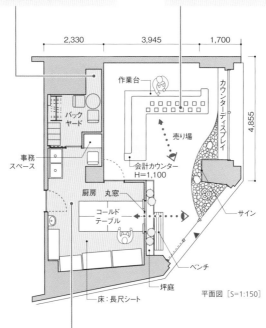

平面図［S=1:150］

厨房では、フルーツのカットから餅を包む作業までを行う。火気を使う調理が必要ないため、ドライ床を採用。客から見えない床の素材はマンションの外廊下などに多用される長尺シート＋目皿とし、コストを最小限に抑えた

「果実ノ華」所在地：大阪府大阪市、開業：2021年、設計：PROCESS5 DESIGN、写真：山田圭司郎、総面積：56.9㎡、従業員数：3名、回転数：非公開、客単価：480円〜、工期：1カ月、工事費：約1,210万円

PICK UP

あえて厨房を 見せる仕掛け

入口付近に、厨房が見える丸窓を設置。客に作業の様子を見せることで、安心感や商品への期待感を高めてもらう仕掛けだ

上：商品の単価は480〜680円と大福としては高め。そのため、高級感が感じられるよう商品サンプルをアクリル台に飾っている｜下：会計カウンターは商品の原材料である米をイメージした骨材を使った洗出し仕上げにするなど、現代的なギャラリーのような雰囲気を演出。一般的な和菓子店に多い和モダンな雰囲気と差別化している。照明は客の目に光が直接入らないように後方からカウンターに向けて照らしている

丸窓

COLUMN

複数店舗を効率的に運営する方法

開業前から2号店の出店を計画している場合は、1号店の厨房を大きく確保し、2号店以降のセントラルキッチンを兼ねられるようにすれば、家賃や光熱費を抑えられる。「果実ノ華」では、1号店の厨房を8坪（売り場は7坪）確保し、2号店は販売のみとして7坪で営業している。また、各店舗に共通のデザイン要素を取り入れるとブランディングを確立しやすい。ここでは、石庭やフェイクの竹など比較的コストがかからない方法で個性を出している。

「果実ノ華」の2号店は、販売に特化した店舗。内装デザインは1号店のイメージを踏襲

「焼く」イメージを表現した焼き菓子カフェ

クレープなどの焼き菓子とハンドリップのコーヒー・紅茶を提供するカフェ。調理は「焼く」ことが主なので、「火」や「焦げ目」を想起させるような内装デザインでまとめています。設計者がブランディングまで担当し、内装に合ったサインやショッパー（買い物袋）をデザイン。イートインへの対応のほか、テイクアウトの需要も高いので専用のカウンターを設けています。

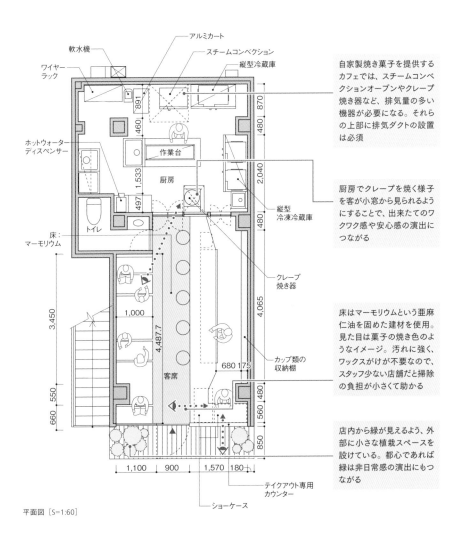

自家製焼き菓子を提供するカフェでは、スチームコンベクションオーブンやクレープ焼き器など、排気量の多い機器が必要になる。それらの上部に排気ダクトの設置は必須

厨房でクレープを焼く様子を客が小窓から見られるようにすることで、出来たてのワクワク感や安心感の演出につながる

床はマーモリウムという亜麻仁油を固めた建材を使用。見た目は菓子の焼き色のようなイメージ。汚れに強く、ワックスがけが不要なので、スタッフ少ない店舗だと掃除の負担が小さくて助かる

店内から緑が見えるよう、外部に小さな植栽スペースを設けている。都心であれば緑は非日常感の演出にもつながる

軟水機
アルミカート
スチームコンベクション
ワイヤーラック
縦型冷蔵庫
ホットウォーターディスペンサー
作業台
厨房
トイレ
床：マーモリウム
縦型冷凍冷蔵庫
クレープ焼き器
カップ類の収納棚
客席
テイクアウト専用カウンター
ショーケース

平面図［S=1:60］

「Allee」所在地：東京都港区、開業：2022年、設計：KAMITOPEN、写真：宮本啓介
総面積：40㎡、従業員数：3名、回転数：10回、客単価：〜1,000円、工期：1カ月、工事費：非公開

2 無駄が一切ない 収納棚

コーヒー、紅茶はハンドドリップで提供する。カウンターの背面収納には、カップが無駄なく納まる奥行き175mmとした。カウンター内のスペースは、しゃがんで行う作業もスムーズに行えるように700mmほど確保したいので、収納棚は必要なモノが納まる最小限の寸法としたい。中央のディスプレイ棚は薄い5mm厚ステンレス板を棚板とし、カップが浮いているように見せている

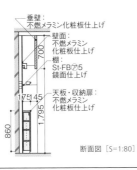

垂壁：
不燃メラミン化粧板仕上げ

壁面：
不燃メラミン
化粧板仕上げ

棚：
St-FB⑦5
鏡面仕上げ

天板・収納扉：
不燃メラミン
化粧板仕上げ

断面図［S=1:80］

1 複数のショーケースでどんな客にも対応

店舗の外からも気軽に購入できるようテイクアウトカウンターを設けた。ショーケースも、イートインとテイクアウト用で分けることで、それぞれの客が交ることなく、ゆっくり商品を選べるようになる

ショーケース
（テイクアウト用）

ショーケース
（イートイン用）

テイクアウト
カウンター

カウンターとテーブルには焼スギを、壁と天井にはさびた鉄板のような風合いのコールテン鋼を使用し、焦げ目のイメージを表現。カウンターの椅子は赤色を使って火を連想させた。同様に、サインは種火のようなモチーフ、ショッパーは蝋引きの紙袋と、火をテーマにデザインを統一し、ブランディングを図っている

異なるデザインを調和させて街に馴染ませる

中目黒駅の高架下にあるドーナツ店。駅を出た横断歩道の目の前という視認性の高い立地にあります。蔦屋書店内の店舗なので、ファサードの上部にはTの文字で切り抜かれたインパクトの強いパネルがありますが、違和感なくその境界を施しています。また、人の行き来が多い場所ですが、店舗の存在感が際立つような工夫もしています。

開口部はドーナツの製造部分も外部から見えるようにガラス張りに。水平方向に3分割したデザイン［左頁］が正面以外にも続いていることで、3層の存在感や店舗としての視認性も上げている。スタッフの制服も統一されており、街のなかに溶け込ませつつ、ドーナツの存在感を主張できるお店に

店舗内は、カスタードなどクリームを作る場所、揚げ場、販売場所の3つに分かれている。スタッフは8名で持ち場は固定で、スペースも限りがあったので基本的に行き来はしない

揚げ場

高架躯体柱

サンプル

サイン

厨房

売場

造作棚

カウンター：オーク無垢材

折戸：スチールフラッシュの上
モールテックス金コテ押さえアイボリー

5,780

5,140

4,900

平面図［S=1:80］

売り場の後ろにはドーナツを保管する棚がある。売り場の下には、テイクアウト用の箱や袋を置き外部からは見えないようにしている

高架下で騒がしい場所だったので、注文は紙に書いて渡す方式に

「I'm donut ? 中目黒」所在地：東京都目黒区、開業2022年、設計：FATHOM、写真：菅野佳生（ナカサアンドパートナーズ）
総面積：26.8㎡、従業員数：3名、回転数：400〜500回、客単価：2,200円、工期：1カ月、工事費：非公開

PICK UP

2 印象に残りやすい ロゴデザインと配置

店舗のロゴは「おもちゃのようなネオンのロゴに」という要望も踏まえ、信号をモチーフとしたオレンジ色の電照サインに。最初に目に入るように店舗の中心となる高架の柱部分から吊り下げている。高架の柱は撤去できないうえに太く存在感があるので、ロゴの場所にするなど、目立たせたい要素に対してうまく活用するとよい

PICK UP

1 3分割した ファサード

T字で切り抜かれたパネルが印象的なファサードは、水平方向に「Tパネル」「開口部」「腰壁」の3つに分割して見えるようにデザイン。開口部には、縦に開く鉄製の折れ戸を用い、全開時には庇の役割となり、Tパネルとの境界も立体的に仕切っている。腰壁部分は、Tパネルとなじむようにあえてシンプルに白のモールテックスで仕上げている。既存の要素とも一体に見えるような工夫だ

Tパネル
開口部
腰壁

福岡発で表参道にも店舗をもつ人気ベーカリー「アマムダコタン」がオープンしたドーナツ専門店。厨房でスタッフが手作りしている様子は、外からでも眺めることができる

サスティナブルがテーマのスイーツ店

こだわりの農法により育てられた有機栽培や無農薬栽培の新鮮なフルーツを使ったスイーツを提供している菓子店。良い素材がテーマだったので、建材もサスティナブルを意識したものを使い、自然に優しいインテリアにしています。

和歌山県出身のオーナーで、和歌山の良い素材とパティシエのアイデアを掛け合わせたスイーツを提供。パフェやプリンアラモード、フルーツピザなどが代表的

商品のディスプレイは、受付カウンター、入口と受付の間、壁際など複数設置。ディスプレイ棚は、客が上から見たときに一覧できる高さに設定

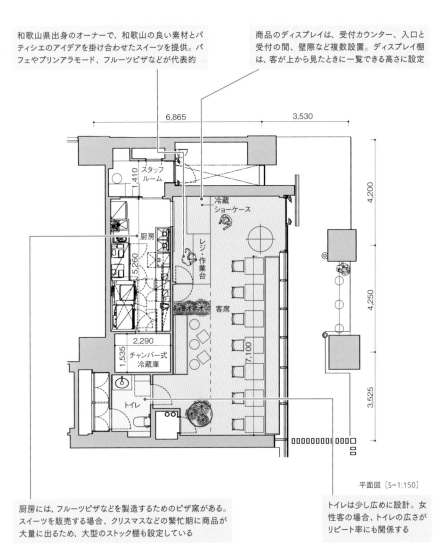

平面図［S＝1:150］

厨房には、フルーツピザなどを製造するためのピザ窯がある。スイーツを販売する場合、クリスマスなどの繁忙期に商品が大量に出るため、大型のストック棚も設定している

トイレは少し広めに設計。女性客の場合、トイレの広さがリピート率にも関係する

「parlor_hana by SN」所在地：大阪府大阪市西区、開業2023年、設計：KAMITOPEN、写真：宮本啓介
総面積：108.08㎡、従業員数：3名、回転数：非公開、客単価：1,500円、工期：1.5カ月、工事費：非公開

━━━━━(PICK UP)━━━━━

自然素材を
あらゆる部位に採用

サスティナブルを意識した自然素材で全体を構成。受付には布の規格外の再生材料「NUNOUS-SKIN」、壁には麻・漆喰・珪藻土を混ぜて作った左官材「ヘンプウォール」、床には亜麻仁油から作った「マーモリウム」、椅子のクッション部分には「再生レザー」、机は「無垢材」を使っている

サスティナブルな素材は化学的な着色をしていないので、色の選択肢が限られる。そのため、その中でも発色の良いものを採用して明るい印象に。植栽や照明も雰囲気にあったものを選んでいる

カフェ

カフェという業態は、チェーン店から個人経営の店舗まで、街のあちこちにライバル店があります。差別化を図るには、店舗の「売り」を明確に打ち出すことです。写真映えで遠方からの客を取り込んだり、地元の憩いの場として住民から愛されたりする店舗としましょう。

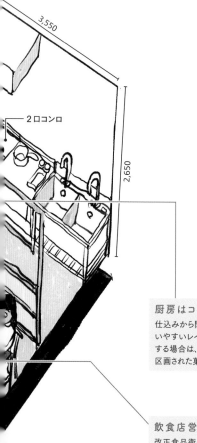

3,550

2口コンロ

2,650

厨房はコンパクトに
仕込みから閉店までの動きを想定し、使いやすいレイアウトにする。菓子販売をする場合は、ドリンク用の厨房とは別に区画された菓子製造室が必要[104頁]

飲食店営業許可が必要
改正食品衛生法が2021年6月1日に施行され、従来の「喫茶店営業」許可が「飲食店営業」許可に統合された。喫茶店営業許可ではこれまで、アルコール以外の飲み物や調理が不要なクッキーなどしか提供できなかったが、飲食店営業への許可統合により、提供メニューの制限がなくなった［※］

さまざまな客層に合う客席づくり
カウンター席、テーブル席、ソファ席、小上りなど、いくつかのタイプの客席をつくれば、さまざまな客層、利用目的に対応できる。居心地のよい客席とするためにも、客どうしの視線が交わらないようにする

※ 施行日以前にすでに喫茶店営業許可を取得または更新済みの場合は、許可期限まではそのまま喫茶店営業が可能。ただし、新制度施行日から「飲食店営業」を行うことができるようになるわけではないので要注意。喫茶店営業許可での営業であれば、新制度施行日以降もあくまで「喫茶店営業」の範囲内で営業となり、アルコールなどを提供することは不可。通常の飲食店営業を行う場合は、新規で飲食店営業許可を取得する必要がある

コミュニケーションをとれるつくりに
個人経営のカフェでは、店主の人柄が店の売りになることも。カウンター席を設ければ、1人でオペレーションしながらでも客とのコミュニケーションがとりやすい

集客は施工時から可能
街の憩いの場となるカフェを目指すには、周辺住民に愛される店舗づくりを心がけたい。コスト削減で仕上げをDIYするなら、街の人と一緒に作業する開店前イベントを設けてもよい。住民との縁も生まれ、開店前から店舗の存在をアピールできる

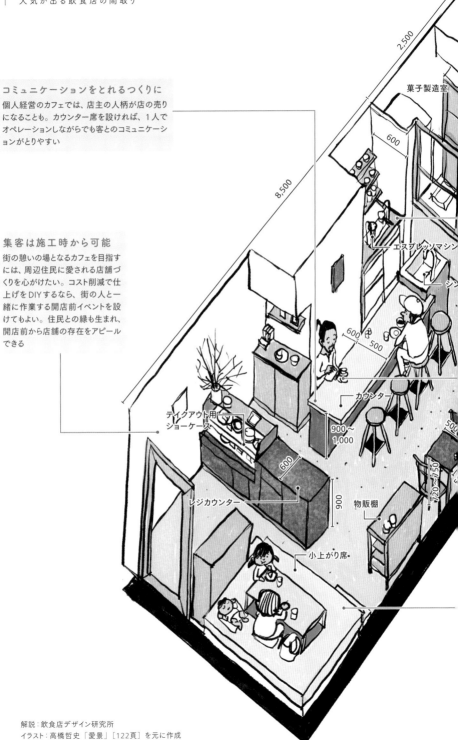

菓子製造室

600

2,500

8,500

エスプレッソマシン

ジ

600
500

カウンター

900~
1,000

600

900

テイクアウト用
ショーケース

レジカウンター

物販棚

720~750

500

小上がり席

解説：飲食店デザイン研究所
イラスト：高橋哲史「愛景」[122頁]を元に作成

給排気の善し悪しはリピーター獲得の重要項目

● 客席に厨房の給排気が流れないようにする

給気も排気も厨房内で完結するように、給気口の設置位置を入念に検討する。排気容量が大きくても、給気されなければ排気性能は発揮されない。給気量と排気量が同じになるように機器性能を決定する

厨房に給気された空気が直接客席に流れないよう、給気口からの風が当たる板を設置するのも手。そうすることで、直風ではなく板にぶつかった風が下にふわっと流れるようになる

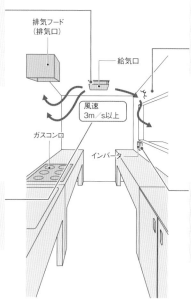

排気フード
(排気口)

給気口

風速
3m／s以上

ガスコンロ

インバータ

必要な排気量ではなく、排気口に向かう風の風速が3m/s以上になるように計画すれば、給気が足りず排気口の周囲に煙などが漏れる心配がなくなる

計算で得られた必要容量よりも、給気・排気性能はやや高めにするのがオススメ。給気量・排気量をアナログ（インバータなど）で微調整できるように計画するとよい

● 空調は通路上に設ける

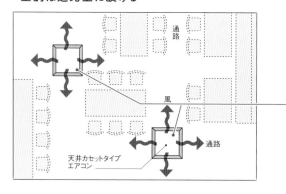

通路

風

天井カセットタイプ
エアコン

通路

空調は、風が客席に直接当たらないような位置に計画する。通路に向かって風が吹き出すように計画すれば基本的には問題ない

アニマルカフェは空間も運営もひと工夫が必要

動物と触れ合えるアニマルカフェ［125頁］は、通常の飲食店にはない配慮が必要になります。客も動物もくつろげる温湿度環境や空間構成、運営方法としましょう。また、臭い対策も非常に重要です。

● アニマルカフェ開業に必要な申請・登録

アニマルカフェは生きた動物を飼育・展示する業種とみなされるので、ペットショップを営業する場合と同様に「第1種動物取扱業」の登録が必要。対象となる動物は、産業動物や実験用動物を除いた哺乳類、鳥類、爬虫類。登録の種別は細かく分かれており、販売や貸出を行わない場合は「展示」に分類される。カフェで動物を預かる場合は「保管」での登録も必要となる［※2］

手続き	内容
営業許可申請	飲食店の開業に必要な諸手続きについては、一般的な飲食店と同様［169頁］
第1種動物取扱業登録申請	第1種動物取扱業登録には、店舗ごとに1名以上の常勤かつ専属の動物取扱責任者の選任と、事業所ごとに重要事項の説明などを行う職員の配置が必要［※1］

● 運営・計画面での注意点

営業時間	犬や猫を扱うカフェの営業時間は、原則20時まで［※3］。猫カフェでは、一定の条件を満たせば［※4］、22時までの営業が認められている
店舗レイアウト	・動物が厨房に入ってこないように、厨房と客席との間に区画を設ける ・必要に応じて、飲食エリアを触れ合いスペースとは別に設ける ・厨房とは別に動物用の水廻りを設ける ・動物ごとに適切な広さの空間を確保する

2段タイプ

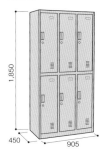

3段タイプ

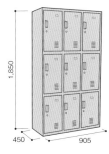

店舗の入口付近に、荷物を置くロッカースペースを設けるのもよい。ロッカーに荷物を置くようにすることで、客の荷物汚れの防止、動物への危害が加わることの防止になる。貴重品を置く場合は鍵付きロッカーとする

解説：cosoado. | ※1 営業開始後は、「動物取扱責任者研修」を受講し、登録更新申請を5年ごとに行なわなければならない | ※2 ペット同伴で食事ができるスタイルのカフェなどは、保健所ごとに別途基準を設けていることがあるので、確認が必要 | ※3 営業時間のルールも保健所ごとに異なる場合があるので、確認が必要 | ※4 次の①～④のすべてを満たすこと。①猫が生後1年以上、②猫が施設内を自由に動き回れる、③休憩場所や休息できる設備に猫が自由に移動できる、④展示時間の合計が1日12時間を超えない

店主のこだわりが魅力となり、愛される店へ

店内で製造する焼き菓子やこだわりのコーヒーを提供するカフェ。店内は15坪程度で、イートインのみでなく、菓子のテイクアウトや通販、卸売りまで行っています。ひとり客から子連れの客まで誰もが過ごしやすい空間が魅力。現在はスタッフが5名いますが、計画時は店主1人でのオペレーションを想定して、建設に至りました。

客席の間の寸法、カウンター前通路の寸法などは必要最低限でも使いやすいよう、テーブルや椅子の位置を計画している

シンクの個数は自治体によって指定があるため、事前に確認が必要。カフェを営む場合、エスプレッソマシンの位置を基準に、グラインダーや製氷機を近くにまとめるのが基本。ドリップする場所、コールドテーブル、シンクの位置をⅡ型にまとめ、作業効率を高めている

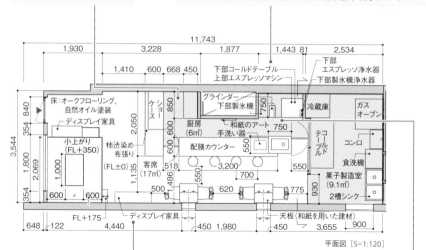

平面図［S=1:120］

スツールやディスプレイ家具もオリジナルデザイン。同じ木材を使用することで統一感をもたせている。フローリングと家具のオークには、少し白色が入った自然オイルを塗装。クリア塗装の濡れ色の木よりも彩度を落とし、壁のグレーベージュとのグラデーションをつくっている

依頼主が飾ることを決めていたハタノワタル氏の和紙でできたアート作品から、内装の着想を得ている。テーブルの天板は同作家の和紙を用いた建材を使用し、脚は鉄で製作。また、作品のテーマである日本的な直線を意識した水平・垂直の壁の線と余白の美しさを意識して、階段裏の天井を斜めとせずL形とした

「愛景」所在地：高知県高知市、開業：2020年、設計：コンテデザイン、写真：小川拓郎、総面積：41㎡、従業員数：5名、回転数：1.5回、客単価：約1,800円、工期：1.5カ月、工事費：非公開

PICK UP

2 客が気にならない
菓子製造室の作り方

ここでは菓子製造室［104頁、※1］を設け、間仕切壁の高さ1,000mmより上部をガラスとして客席への圧迫感を減らした。ガラスの一部（左下のみ）をオープンとして、客席側から食器をすぐに下げられるよう計画［※2］。コールドテーブルに下げた食器が客席から見えないよう、ガラス下端はコールドテーブル上端より200mm高くしている

棚　　ガラス引戸

1,400　250

200　2,400　2,650

棚板

1,000

コールドテーブル
W1,500×
D750×H800

750　856　1,673.5　956

展開図［S=1:100］

PICK UP

1 窓や仕上げ材で
過ごしたくなる空間に

スリット窓とペンダントライト、テーブルの各中心をすべて合わせて配置。椅子に腰かけた客の視界に敷地横のパーキングが入らないよう、窓の下端は視線より高く（H=1,200mm）設定した。壁の左官材はADDICT Inc.の中谷洋平氏のオリジナル。光と影がくっきりと出ることを重視して、季節や時間の移ろいで壁の色の変化を楽しめる空間に仕上げた。コスト削減のため依頼主も施工に参加

子連れ客が利用しやすい小上り。店内の奥に設けるのが一般的だが、ここではあえて入口のすぐ横に配置した。道に面して大きな窓を設け、明るく、外からも様子が分かる空間にしている。使いやすさだけでなく、子連れ客に来てほしいという店主の思いが客に伝わる工夫だ

店内は、全国の作家と力を合わせ、建築という分野の垣根を越えた内装づくりが行われた。たとえばカウンター廻りの仕上げは柿渋染め作家の冨沢恭子氏に依頼。バッグ用の柿渋染めした布をつぎはぎして張り付けた。ほかにもテーブルの天板や壁の左官材など、細部まで素材にこだわっている

※1 店内で製造した菓子を、イートインだけでなくイベント出店、通販用の別の店舗や卸し先などで販売する場合、客席と調理室をある程度区画するか別途で菓子製造室を設けなければならない｜※2 保健所によっては判断が異なり、完全に区画する必要がある場合があるので、所轄の保健所で確認する

カフェでもピザ窯を設置できる店

店内にあるピザ窯を使い、出来立てのオリジナルピザを提供するカフェ。ケーキなども扱い、テイクアウトも行っています。店内には、テーブル、カウンター、ソファなどさまざまな客席のタイプを用意。ひとり客から大人数までさまざまな利用シーンに対応できます。

平面図
[S=1:120]

ピザ窯の燃料は木製チップ。ガスや電気などのインフラが不要なうえ、煙もあまり出ない。薪の香ばしさがピザのおいしさを引き立てている

トイレを店の一番奥に配置。いつも手前のカウンター席やテーブル席を利用するような少人数の客も、トイレを利用した際に店内奥の広い座席を目にする。それにより、次回はほかのシーンで利用しようと思ってもらうなど、別用途でのリピートも狙っている

PICK UP

地域の人も
店づくりに参加

内壁は街の人に参加してもらい、DIY塗装した。店づくりを手伝ったという思い入れから、客になじみのある店舗になる。特に参加した子どもは家族を連れ大人数で来店してくれることもある

キッチンをミニマムにすることで20席ほどを確保。テーブル席はもちろん、団体が入れるベンチソファや、通されて嬉しいソファ席、ひとり客も入りやすいカウンターの4パターンの席を用意している

「ブリッジカフェ」所在地：神奈川県川崎市多摩区、開業：2021年、設計：HACOLABO、写真：髙木成和、総面積：約38㎡、従業員数：2名、回転数：非公開、客単価：1,000〜2,000円、工期：1カ月、工事費：非公開

アニマルカフェのプラン・内装は動物を第一に

淹れたてのコーヒーを味わいながら動物と触れ合えるアニマルカフェ。気に入った動物がいれば購入することも可能（一部の動物を除く）。フードとドリンクを提供するカウンタースペースと、ドリンクのみ持ち込める「ふれあいエリア」があります。

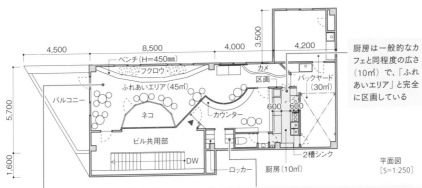

厨房は一般的なカフェと同程度の広さ（10㎡）で、「ふれあいエリア」と完全に区画している

平面図
[S=1:250]

ドリンクはふた付のプラスチック容器に入れ、ボックストイレに載せて提供。思いがけず倒れてもこぼれにくく、動物に影響を与えない工夫

客の荷物を汚さないため、また動物が危険なものに触れないために、入口すぐの場所に鍵付きロッカーを配置。幅300×高さ600㎜、幅300×高さ900㎜の2種類を用意している

PICK UP

動物ごとに
飼育場所を変える

さまざまな動物を扱ううえで、お互いに干渉しないように飼育スペースをレイアウト［※］。快適な温度帯が近い動物を扱い、温度や湿度を常に管理している。動物に直接風が当たらないよう、ビルトイン空調を使用している

「ふれあいエリア」の床は汚れてもすぐに拭き取れ、自然な見た目を意識した乱石調のビニル床を選定。壁はシミができにくい化粧板を使用し、汚れが落ちやすい塗装をしている。インテリアの色味や素材は明るくナチュラルなものを使用

「fuleca」所在地：大阪府大阪市福島区、開業：2020年、設計：cosoado. designworks
総面積：約100㎡、従業員数：5名、回転数：3回、客単価：2,500円、工期：35日、工事費：約1,200万円
※「ふれあいエリア」のレイアウトは直線的でなく湾曲させることで、動物をいろいろなところに配置し、客の期待感を演出している。閉店後は、動物の一部は「ふれあいエリア」からバックヤードに移動させている

京町家の雰囲気を生かしたカフェ

京都の中心地にある京町家を改修したコーヒーとドーナツのお店。古い建物だったので部材の多くは傷んだ状態でしたが、町家の雰囲気を生かすために最低限の補修にとどめて再利用しています。テーブルや椅子などもヴィンテージ感のあるものを選び、空間に溶け込ませ世界観をつくり出しました。

町家のような古い建物の場合、すでに漏水などが起こっていて補修が必要なケースもある。オーナー側で行うこともあるが、借り主側で行う場合はその分の予算も考慮しなければならない。ここでは、既存の素材を生かしたり、壁は大半を左官にして仕上げ材の種類を絞ったりしている

階段より奥は、既存建物時に後付けされた部分で、壁の補強が必要で柱も新しく立てている。そのため、町家の雰囲気から浮かないように、手前に階段を設けてファサード側から目に入らないようにしている

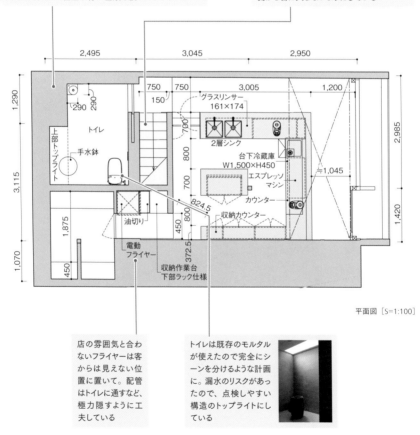

平面図 [S=1:100]

店の雰囲気と合わないフライヤーは客からは見えない位置に置いて。配管はトイレに通すなど、極力隠すように工夫している

トイレは既存のモルタルが使えたので完全にシーンを分けるような計画に。漏水のリスクがあったので、点検しやすい構造のトップライトにしている

「Hoo.」所在地：京都府京都市中京区、開業：2023年、設計：一級建築士事務所こより+atelier salt、施工：丸紅アーキビルド、写真：臼井淳一、総面積：61.9㎡（1階38.8㎡ [うち厨房15.6㎡]、2階23.1㎡）、従業員数：3名、回転数：非公開、客単価：1,000円、工期：2カ月、工事費：非公開

PICK UP

2 客席は木材を うまく取り入れる

造園家が伐採した切りっぱなしの木材を椅子やテーブルに使っている。テーブルの脚は既製品の事務用机を使用して、天板のみ木材に。

PICK UP

1 天井は張らずに 屋根面を露しに

既存の屋根面は、あえて天井は張らずに野地板や梁を露しにしている。表面を磨いて元の色味にすることで、清潔感はありつつ町家の雰囲気を感じられる意匠に。柱も真壁にして露している

ファサードから見えるカウンターの素材は、上海レンガを使用。現地でとれたものをそのまま使っているので、色合いにバラつきがある。既存柱が傾いているなど、建物全体が不揃いなので、空間になじんでいる。カウンター天板はモルタルなど左官材だとコーヒー粉などが入ってしまうので、ステンレスを採用している

ドリンクスタンド

ふらっと立ち寄れる気軽さを

コーヒーやスムージーなど特定のドリンクメニューに特化したドリンクスタンドは、提供メニューが絞られているので最小限規模での運営が可能。小規模でも店舗が愛されるような仕掛けづくりが繁盛への道。手を抜くことなく細部まで工夫を凝らしましょう。

動作を徹底的にシミュレーション

イートインの店舗よりも速く提供することが求められ、また厨房スペースも限られるため、無駄がなく効率のよい厨房設計が重要。注文から提供までの動作を徹底的にシミュレーションし、厨房機器のレイアウトを決める。提供メニューについても、あれもこれもと手を出さず、勝負メニューに絞りオペレーションを効率化することが、必要最小限空間での営業では肝になる

2,650

街との接点である
受け渡し口にこだわる

ドリンクスタンドでは、店舗と街の接点が受け渡し口のみになることが多い。外部にいる客と屋内にいるスタッフが会話しやすい高さになるよう、踏み台を設置するのもよい。テイクアウトカウンター部分を突き出したプランとして、接客面を増やし、客とのコミュニケーションを取りやすくする[136頁]など、ふらっと立ち寄れて自然と会話が生まれるような仕掛けをつくりたい

テイクアウトカウンターの
高さは1,000mm程度に

テイクアウトカウンターの高さは、受け渡しや接客のしやすさを考慮して道路面（踏み台がある場合はその台上）から1,000mm程度とする。フロアレベルと道路面との高低差が大きく解消しきれない場合は、客側に踏み台を設けるとよい

入店形式のつくりにするなら店内に入りやすい工夫を

商品の受け渡しを外壁面に設けた開口からではなく、店内カウンターで行う場合でも、ふらっと立ち寄れる気軽さは失いたくない。扉をあえて設けず開放的な入口とするなど、客が入りやすい工夫を心がける

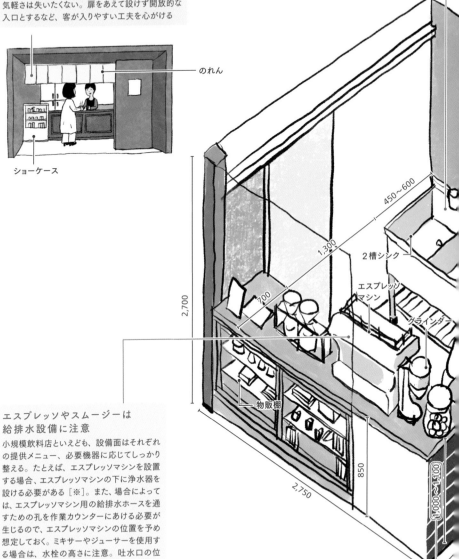

のれん

ショーケース

450〜600

1,300

2,700

700

2槽シンク

エスプレッソマシン

グラインダー

物販棚

2,750

850

1,000〜1,100

エスプレッソやスムージーは給排水設備に注意

小規模飲料店といえども、設備面はそれぞれの提供メニュー、必要機器に応じてしっかり整える。たとえば、エスプレッソマシンを設置する場合、エスプレッソマシンの下に浄水器を設ける必要がある[※]。また、場合によっては、エスプレッソマシン用の給排水ホースを通すための孔を作業カウンターにあける必要が生じるので、エスプレッソマシンの位置を予め想定しておく。ミキサーやジューサーを使用する場合は、水栓の高さに注意。吐水口の位置を通常よりもやや高めに設定すると、細長い容器を洗浄しやすくなる[131頁]

解説：飲食店デザイン研究所、イラスト：高橋哲史「二坪喫茶 アベコーヒー」[132頁] を元に作成
※ 水道水内のカルキ（水垢）でエスプレッソマシンの配管に詰まりが生じ、機器の寿命が短くなってしまうことがある。それを防ぐためカルキを除去する浄水器の設置が必要

テイクアウトメニューで変わる営業許可申請

ドリンクスタンドの営業許可については、基本的にはカフェと同様に飲食店営業許可の範囲内です。ただし、メインとするドリンクメニュー以外のテイクアウトメニューを扱う場合は、メニューによって菓子製造業やアイスクリーム製造業などの営業許可申請が必要になります。条件などを把握しておくことに加え、保健所によって判断が異なる場合があるので、必ず所轄の保健所に問い合わせるようにしましょう。

● 取得が必要な営業許可

飲食店営業許可のみでOK
生クリームを使用しない、ワッフルやガトーショコラなどの焼き菓子や、かき氷のテイクアウトは、飲食店営業許可の範囲内

菓子製造業許可も必要
生クリームを使用するものをテイクアウトメニューとして提供する場合は、菓子製造業許可が必要

アイスクリーム製造業許可も必要
ソフトクリームなどのアイス類をテイクアウトとして提供する場合は、アイスクリーム製造業の許可が必要

使い勝手やデザイン性を意識して機器を選ぶ

● コーヒー関連の機器

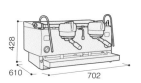

エスプレッソマシン
エスプレッソを製造するための機器。ハンドドリップに比べて抽出時間が短いため、客の回転を速めたいドリンクスタンドに向いている。駆動にはモーターが必須で、業務用の場合は浄水器が必要。サイズが大きいため、作業カウンターの奥行きは650㎜以上確保したい。最近は、高さが低く、客とのコミュニケーションがとりやすい機器もある

グラインダー
焙煎されたコーヒー豆を粉砕するための器具。豆を挽く粗さを変えることによって、エスプレッソからレギュラーコーヒーまで対応可能なものもある。エスプレッソを淹れる場合は、極細挽きができるものを選ぶ。挽いたコーヒー粉が飛び散りにくい静電気除去装置があるものや、静音性が高いものもある

● ジュース関連の機器

ミキサーのコンテナは容量ごとに異なるが、高さ300㎜前後と縦長の形状のため、シンクの水栓を通常より高い位置にも設けておくと洗いやすい

ジューサー
果物や野菜をすりおろし、繊維質と液体に分けてジュースを搾り出す調理器具。野菜のエキスや果汁のみを取り出せるのが特徴。出来上がりはさらさらとした液体で、野菜エキスや果汁100%のジュースをつくれる［※］

ミキサー
野菜や果物など固形の食材を粉砕し、ペースト状にしたり、粉末状にしたりする調理器具。カッターが高速で回転し、投入した食物と水を粉砕・攪拌する仕組み。出来上がりは繊維質を多く含んだジュースとなり、スムージーのような少しドロッとした食感になる。ジュースやスムージーのほか、スープなどもつくれる

解説：阪口光治
※ 圧縮しながらすりつぶしてジュースを搾る「低速ジューサー」と、高速回転のカッターで細かく切削しながらジュースを搾る「高速ジューサー」がある

見せて魅せる必要十分な2坪コーヒースタンド

シェアオフィス「nokutica」の一角に入居するテイクアウト専門のコーヒースタンド。会社員からバリスタ［※1］へと転身した依頼主の初店舗です。床面積2坪と小ぶりですが、1人ですべてを切り盛りするにはむしろ好都合。建物は、

昭和初期に建てられた築90年の洋館を改修したもの。そのレトロモダンな意匠に合わせて、什器にヴィンテージを用いるなど、依頼主のこだわりが随所に見られます。

調理は、複雑な工程がなければIHコンロで賄える。IHコンロを利用しない場合も、ポットやミルクパンなど熱した調理器具をさっと置けるステンレスの作業台を最低1カ所は確保しておきたい

提供するのはコーヒーとコッペパンなので、テイクアウトカウンターの奥行きは250mmもあれば十分。既存建物のファサードを邪魔することもなく、既存の窓枠に天板を被せるだけなので施工も簡単だった

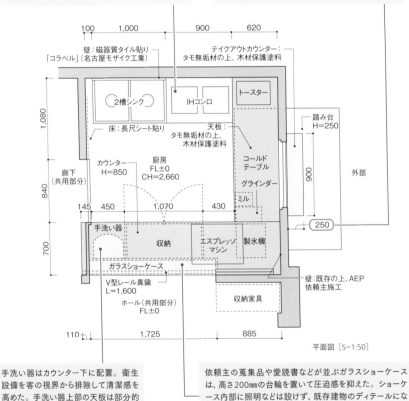

平面図［S=1:50］

手洗い器はカウンター下に配置。衛生設備を客の視界から排除して清潔感を高めた。手洗い器上部の天板は部分的に取り外すことができる

依頼主の蒐集品や愛読書などが並ぶガラスショーケースは、高さ200mmの台輪を置いて圧迫感を抑えた。ショーケース内部に照明などは設けず、既存建物のディテールになじむ色で仕上げ、家具のような意匠とした

「二坪喫茶 アベコーヒー」所在地：神奈川県川崎市高津区、開業：2017年、設計：コンテデザイン、写真：小川拓郎
総面積：7.5㎡、従業員数：1名、回転数：非公開、客単価：1,000円、工期：1カ月、工事費：非公開 ※1 Barista。イタリア語で、「バール（bar）で働く人」を意味する。エスプレッソをはじめとするコーヒーを淹れる職業、およびその職業に従事する者を指す

2 厨房をあえて見せて 客に印象付けを

客の滞在時間が短いテイクアウト店は、厨房も見せるデザインで印象付けを。客の目が留まりやすいカウンター奥の壁は、レトロな造形のタイルを全面に張って店舗の個性を演出した。カウンターは丈夫で木目の美しい25mm厚のタモ無垢材だ。施工は厨房機器の上にアジャスター付き天板を置くだけの省力仕様

1 閉塞感のない 明るいお店に

異種用途区画［※2］のため、席を設けることができずテイクアウト店とする必要があった。ホール側の開口部（ショーケース上部）は、保健所で営業許可を取得するにあたりテイクアウト店として常時閉鎖式とすることが求められた。そのため、閉塞感を感じさせない工夫が必要だ。ここでは、引違いのガラスサッシを設置。袖壁にすべて引き込めば、幅1.6mの開口を確保できる。前面道路に面したテイクアウトカウンターを通して、明るい光がホールまで届く

引き込み →

建物エントランスから向かって右側の窓がテイクアウトカウンター。既存の窓高さは地面から1,450mm。商品を受け渡しするには高すぎたため、足元に踏み台（高さ250mm）を置き、カウンター高さを調整した

　※2 令112条。2018年の法改正により双方の用途に警報設備等を設けるなど一定の措置を施すことで区画不要となった

シンプルな設えでひと口大の美しさをアピール

季節ごとに食材が変わるひと口サイズの最中と、それにペアリングした日本茶を提供する総面積7坪のテイクアウト専門店。入居しているのは3階建てビルの1階部分で、3坪ほどの売り場の奥に厨房があります。床・壁・天井がすべて墨モルタル［79頁］で仕上げられた売り場には、必要最低限の什器があるのみ。小さな最中一つひとつの色合いが際立つ設えとなっています。

厨房の建具と会計カウンターは銅板で製作。銅板は経年に伴い発色が多様に変化し［※1］、アクセントになる。真鍮はさびたときの黒色に清潔感がなく飲食店には不向き

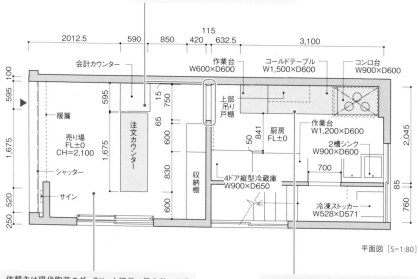

平面図［S=1:80］

依頼主は現代陶芸のギャラリーも経営。将来的には売り場内にギャラリーを設ける可能性もあるという。飲食店はオープン後の客層などに合わせ改修することも多いため、内装や什器はシンプルに仕上げたい

日本茶はお湯と急須があれば提供可能。焙煎機やグラインダーなど［131頁］が不要なので、コーヒーを扱うよりも省スペースで済む

「実と美」所在地：大阪府大阪市、開業：2019年、設計：一級建築士事務所こより+atelier salt、写真：臼井淳一
総面積：19.4㎡、従業員数：1名、回転数：2回、客単価：1,000円、工期：1カ月、工事費：非公開
※1 銅板は空気に触れると酸化が始まり、赤褐色→褐色→暗褐色→黒褐色→緑青色と変化する

PICK UP

2 会計カウンターは目立たせない

何かとモノが多い会計カウンター廻りが客の目に付くと、小さな商品の訴求力が損なわれかねない。電話やドロワーなどの機器はスライド式の棚板に載せて、すべて収納するとよい

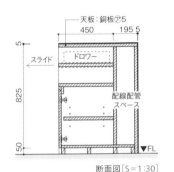

断面図[S＝1：30]

PICK UP

1 天井が低くても開放感を演出

天井が低く面積が狭かったので、建具を設置しないことで前に開けて入りやすい印象に。閉店時はシャッターを閉められる。内部は、天井の低さによって茶室感が出て、和の物を提供する店のコンセプトと合っている。また、インテリアなどもシンプルにして開放感を意識するとよい

左：天井が低く（2,100mm）、床面積も小さいため、フロントサッシなどは設けず、透け感のある暖簾（のれん）を掛けるのみとして開放的な空間に［※2］。常時開放できるのも滞在時間の短いテイクアウト店の強み｜右：注文カウンター（写真右側）と銅板製の会計カウンター（写真左側）。注文カウンターは店舗のイメージに合わせてヴィンテージを選定した

4面接客で街に開く

総面積約4坪のドリンクスタンド「Morning.
JUICE STAND」は、注文を受けてからつくる新
鮮なスムージーと、フルーツがぎっしり詰まった
フルーツサンドが看板メニュー。街に向かって
飛び出したようなショーケースカウンター（約
1.2m角）には、カラフルな食材や特製サンドイ

ッチが並び、客の目を引き付けます。このカウン
ターで4方向での来客対応が可能となり、客と
の距離が近くなることで、メニュー検討や受け
渡しまでの間、客はスタッフとの会話を楽しみ
ながら過ごすことができます。

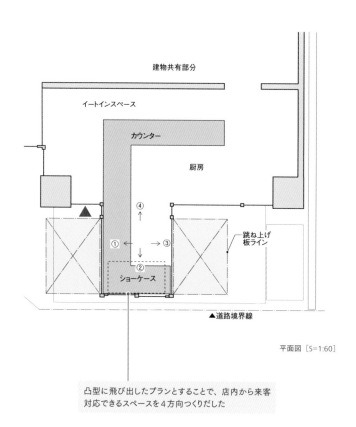

平面図［S=1:60］

凸型に飛び出したプランとすることで、店内から来客
対応できるスペースを4方向つくりだした

「Morning.JUICE STAND」所在地：広島県広島市、開業：2016年、設計：OUTER、写真：澤田和秀、総面積：8㎡、
従業員数：1名、回転数：非公開、客単価：〜1,000円、工期：1.5カ月、工事費：非公開

PICK UP

2 商品や動作は外から見えるように

厨房は限りなくコンパクトに。厨房機器のレイアウトは給排水管の位置から基本的に決めるが、テイクアウト店舗では外からの印象も大切。そこで突き出した部分には、冷蔵ショーケースを配置してフルーツやサンドイッチなどが外から見えるように、またスムージーの機械も道から見える位置に置いて、スムージーを作る動作も見えるようにした

PICK UP

1 素人感のないDIYを取り入れる

予算が限られている場合、骨組みなどの構造や、お店の印象を決める重要な部分以外はオーナーがDIYするケースもある。ここでは、天井に回している配線やカウンター天板の仕上げはDIY。釘を打つ間隔はしっかり測るなど、きれいに見せる工夫を細かく行い、野暮ったさや素人さが出ないようにする

左右の開口部は跳ね上げ式。営業中は跳ね上げ板を天井に留めて開放し、オープンな雰囲気に

価格帯によって設計を変える

居酒屋・バー

新型コロナウイルス感染症の対策として、厳しい営業制限を受けた居酒屋やバー。その影響で、飲酒なしで食事を楽しむニーズが急増。これまでの居酒屋やバーに求められる基本寸法や動線などに加え、"新しい日常"を見越した多角化への対応も押さえましょう。

ルドテーブル

3槽シンク

カウンターの形状はさまざま

カウンターの形状は、I字形、L字形、コの字形に分けられる。I字形は省スペースで、客とのコミュニケーションがとりやすい。L字形は横から調理場が見えるため、調理の工程を見せたい店舗に最適。コの字形は客どうしが向かい合うので、にぎやかになる傾向があり、大衆的な居酒屋に向く。高級店で採用する場合は席どうしの距離をとるとよい

調理場とドリンク場、洗い場の動線は分ける

調理担当と、ドリンク担当、皿洗い担当のスタッフが同時に作業してもぶつからないよう、コップと皿の流れ（客に運ぶ→下げる・洗う→しまう）を考えた動線計画に

バックバーはドラマチックに

酒のボトルやグラスを陳列するバックバーを設置する場合は、間接照明を仕込んでボトルやグラスを美しく見せると非日常感を演出できる

カウンターの高さ設定が肝

カウンターの高さには、①座ったときに足が床につくローカウンター（700㎜程度）、②ギリギリ足のつま先がつくミドルカウンター（950㎜程度）、③足がつかないハイカウンター（1,050㎜程度）がある。①は長時間座っても疲れないメリットがある一方、雑然とした厨房内が客から丸見えにならないよう、高さは720㎜以上確保したい。②や③は客とスタッフの目が合いやすくなるため、バーなどに適する。また、③は深い足台を設けると座っていても客が疲れない

回転率を上げたいなら
座面高さは高めに設定

椅子の高さが高いほど立っている状態に近づくため回転率が上がる。低いほど落ち着けるので、回転率は下がる。座面の硬さは、回転率を上げるには硬めがよいが、居心地に直結する要素でもあるので、最低限のクッション性は必要。リラックスを売りにした空間なら、軟らかめのほうがよいが、座面が沈みすぎると食事がしにくくなるので注意が必要

価格帯に応じて
家具寸法を変える

10坪前後の居酒屋やバーの場合は、テーブルを600mm角、椅子を600mm角、通路幅を600mm確保するのが一般的。立ち飲み屋や大衆居酒屋など気軽に立ち寄ってほしい店舗は、スタッフと客や、客どうしの距離を近くしてにぎわいを演出するとよい。その場合、テーブルの幅を500〜550mm、奥行きを550〜600mm程度、椅子の座面を450〜550mm角程度とする。通路幅は500〜600mmを基準にもう少し狭めることを検討してもよい

ハイチェア

L字カウンター

厨

炭焼き台

5,700

2,700

2,900

ファサードは
雰囲気を伝える要素

居酒屋やバーでは、気軽さを演出したいならオープンに、隠れ家的なお店ならクローズドな印象を与えるファサードをつくるとよい

解説：飲食店デザイン研究所
イラスト：高橋哲史「柳小路TAKA」［142頁］を元に作成

営業時間や接待の有無に応じて届け出が必要に

深夜営業や接待行為は風営法にかかわるので把握しておく必要があります。また、客の滞在時間は椅子の高さやテーブルの大きさに影響します。

●届け出が必要になる条件

必要な届け出	条件	期限
深夜酒類提供飲食店 営業開始届出書	深夜12時以降も酒を提供する場合	営業開始の10日前まで
風俗営業許可申請	客への接待行為を行う場合（スナック、キャバクラなど）	営業開始の約2カ月前

＊ 深夜営業や接待を行う場合は、事前に警察署への届け出が必要。開業前に必要な手続きを確認しておきたい

陳列棚のサイズは酒のボトルやグラスで変わる

●ビールジョッキ　　●ワイングラス

ビールジョッキは、中ジョッキが一般的だが大ジョッキを出す店舗の場合は収納サイズにかかわるので注意。基本的には冷蔵庫で保管し、冷やして提供する。ワイングラスは、飲み口の口径がグラスの最大径になるとは限らない。形状は、スパークリングは炭酸を逃がさないよう口径が狭く、赤や白はボウルのような形が多い。ホルダーにかけて保管する場合、棚の高さはグラスの高さ＋ホルダー50mm程度必要

●酒のボトル

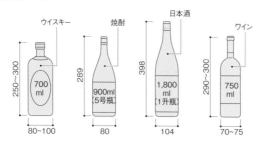

ボトルは、酒の種類に応じて高さや幅が変わるので、店舗ごとに何のお酒を扱うかは事前に把握しておきたい。ボトルを冷やして保管する場合は、客に見えるようにスケルトンの冷蔵庫に置くとワクワク感を演出できる。バッグバーなどの収納では一番背の高いボトルが収まるように設計する必要がある

解説：飲食店デザイン研究所

ビールサーバーは付属品まで把握しよう

居酒屋やバーは、ビールサーバーやワインセラーなど、酒の提供に関する設備を導入しなければなりません。設置するスペースや提供がスムーズになる動線も考慮して計画しましょう。また、

グラスも多く使うので、専用のグラス洗浄機で常に清潔にしておくことも必須です。お酒のお供となるメニューに炭火焼きがある場合は、専用の焼き台なども必要になります。

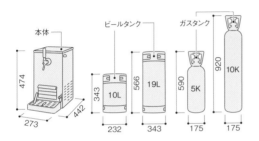

● ビールサーバー

ビールを提供する店舗では、ビールサーバー本体のほかに、ビールタンクとガスタンクの設置が必須。それぞれ容量によってサイズが変わるため、事前に把握して置き場（ビールサーバーの下部など）をつくる。ビールを専門とする店舗でハンドタップのタイプ［89頁］も増えている

● ワインセラー

ワインは酸化が進むと味わいや風味が変化するので、保管環境を整えるワインセラーが必須。ワインセラーの設置場所は、高温多湿の環境は避ける。店舗では、厨房内よりもパントリーや客席、倉庫などが望ましい。また、保管する本数に応じたサイズを選ぼう

● グラス洗浄機

グラスは洗いが甘いと水滴や臭いが残り、不潔な印象を生む。そのため、ワイングラスやビールジョッキなどを多く扱う場合、洗浄機は必須

● 炭焼き台

焼鳥などの炭火焼き料理を提供する場合に必要。香りづけ程度なら小型の七輪を使う場合も。コストは、小型七輪は3〜5万円程度、業務用は10〜30万円程度。サイズにより異なる

カジュアルな立ち飲み屋はクラフト感で演出

イタリアで修業し世界中で活躍したシェフが営む、カウンター形式の立ち飲み屋。イタリアンと京料理を融合させたメニューが魅力で、焼鳥やおでんを提供しています。京都の町家独特の奥に長い敷地形状を生かした、長く真っ青なカウンターが通りすがりの人目を引きます。観光客から地元民まで、年齢・国籍問わずさまざまな人が入りやすいカジュアルさが魅力です。

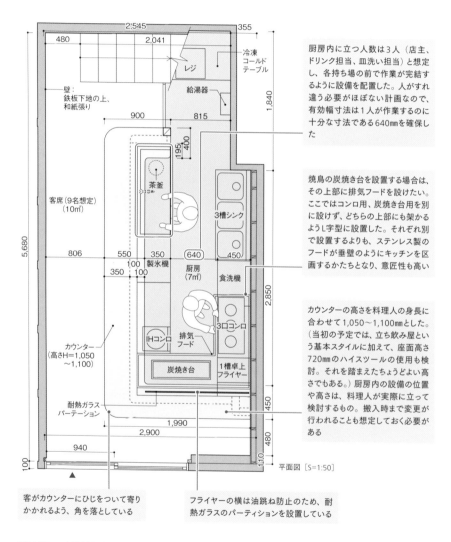

平面図 ［S=1:50］

厨房内に立つ人数は3人（店主、ドリンク担当、皿洗い担当）と想定し、各持ち場の前で作業が完結するように設備を配置した。人がすれ違う必要がほぼない計画なので、有効幅寸法は1人が作業するのに十分な寸法である640mmを確保した

焼鳥の炭焼き台を設置する場合は、その上部に排気フードを設けたい。ここではコンロ用、炭焼き台用を別に設けず、どちらの上部にも架かるようL字型に設置した。それぞれ別で設置するよりも、ステンレス製のフードが垂壁のようにキッチンを区画するかたちとなり、意匠性も高い

カウンターの高さを料理人の身長に合わせて1,050〜1,100mmとした。（当初の予定では、立ち飲み屋という基本スタイルに加えて、座面高さ720mmのハイスツールの使用も検討。それを踏まえたちょうどよい高さでもある。）厨房内の設備の位置や高さは、料理人が実際に立って検討するもの。搬入時まで変更が行われることも想定しておく必要がある

客がカウンターにひじをついて寄りかかれるよう、角を落としている

フライヤーの横は油跳ね防止のため、耐熱ガラスのパーティションを設置している

「柳小路TAKA」所在地：京都府京都市中京区中之町、開業：2016年、設計：一級建築士事務所こより+atelier salt、写真：吉田祥平、総面積：約37㎡、従業員数：3名、回転数：2回以上、客単価：約3,500円、工期：1.5カ月、工事費：約1,000万円

PICK UP

2 立ち飲み屋では カウンターを主役に

立ち飲み屋のカウンターは店の顔となる。耐久性を考えればステンレスを用いるのが一般的だが、ここではイタリアン・スタッコ［※］で仕上げている。石灰系のモルタルは水に弱く、少しの衝撃でも欠けやすいため、本来は飲食店のカウンターに向かない。だが、依頼主は経年劣化も味になると考え、手触りのよさもあり選定した

PICK UP

1 さまざまな機能を持つ 手作りのラック

ワイングラスを吊すラックはオリジナル。ステンレス製の収納ケースを90°回転させ、下部に吊すための金具を設置した。この手づくり感が、気取らない雰囲気を醸し出す。客席側の側面には黒板塗装をした合板を張り付け、メニューボードとして使用。高さをL字の排気フードとそろえてなじませている

PICK UP

3 和紙も活用して 多国籍感を演出

壁・天井の仕上げは和紙職人のハタノワタル氏の和紙を使用。下地に鉄板を仕込み、壁に磁石でメニューなどを張り付けられるよう工夫した

カウンター形式の立ち飲み屋は、店主との会話も魅力のひとつ。内装は店主の趣向や魅力を際立てるものとする。「柳小路TAKA」はクラフト感を演出する仕掛けが多く、たとえば照明器具はあえて異なる種類のものを多用して雑多な印象にしている

※ かつて大理石の入手が困難だったイタリアで、漆喰を磨き上げて大理石に似せて仕上げたもの。石灰モルタルの一種

倉庫らしさを生かした立ち飲みスタイルの酒販店

4世帯の家族13人が上階に住まいながら、1階で経営してきた酒販店。その倉庫を、「家族全員で楽しく働ける飲食店をつくりたい」という想いから改修。倉庫だったときから行っていた角打ち［※］の魅力を生かした、新スタイルの酒販店に。酒の販売を行いながら、夜は居酒屋のようにおつまみと酒を量り売りで提供し、気に入ったら購入できます。

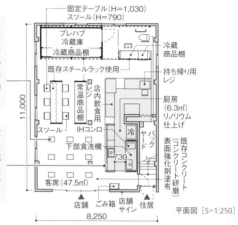

客用のテーブルは、台車の上にビールケースを重ね、天板を載せただけのもの。立って使うもよし。1番上のビールケースは空で外せば椅子と低いテーブルになるので、座って飲むもよし。キャスター付きなのでコロナ禍で席を間引く際にも役立った

コロナ禍のときは、厨房と客席の間などに、工場で使われる空調を遮るためのビニルカーテンを暖簾のように配置。返却口や会計場所の案内表示を印字し、言葉を使わないコミュニケーション手段とした

固定テーブル（H=1,030）
スツール（H=790）
プレハブ冷蔵庫
冷蔵商品棚
冷蔵商品棚
既存スチールラック使用
持ち帰り用レジ
店内飲食用棚
レンジ
常温商品棚
厨房（6.3㎡）リノリウム仕上げ
スツール
IHコンロ
冷
バックヤード
下部食洗機
既存コンクリート（コンクリート研磨）表面強化剤塗布
730
客席（47.5㎡）
店舗
ごみ箱
店舗サイン
住居
11,000
8,250
平面図［S=1:250］

PICK UP

既存躯体を生かしたインテリアに

既存のスチールラックを用いて商品陳列棚とプレハブ冷蔵庫を製作。天井は解体が難しい状況だったため、照明や空調は埋め込まず配線を露出させた状態で表面に張り付けた。既存躯体のよさを生かした「倉庫のような立ち飲み屋」を実現

人通りの多い道路から1本入った路地にあるため、白色のネオン管でつくったサインで目立つようにしている。改修前と外観はほとんど変わっていないが、明るいサインにより変化に気づく人は多い

「桑原商店」所在地：東京都品川区西五反田、開業（改装後）：2018年（創業：1915年）、設計：スキーマ建築計画、写真：長谷川健太、総面積：91.9㎡、従業員数：4名、回転数：2〜3回、客単価：1,000〜4,000円、工期：約4カ月、工事費：非公開｜※ 酒販店で購入した酒を店内でそのまま飲むこと

本場ドイツの食材と内装を楽しむ

ドイツで修業を積んだ依頼主による本場仕込みのドイツパンと、彼女が自ら現地で買い付けている
ドイツワインの販売店。ワイン販売店とベーカリーを兼ねており、それぞれ販売許可が異なるため店
内の区画が必要。依頼主が好きなドイツの店舗をイメージした内装が特徴です。

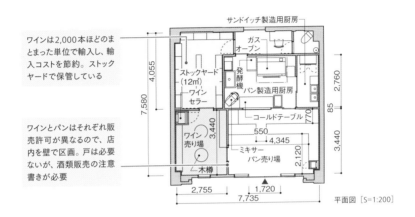

ワインは2,000本ほどのま
とまった単位で輸入し、輸
入コストを節約。ストック
ヤードで保管している

ワインとパンはそれぞれ販
売許可が異なるので、店
内を壁で区画。戸は必要
ないが、酒類販売の注意
書きが必要

サンドイッチ製造用厨房
ガスオーブン
ストックヤード（12㎡）
ワインセラー
発酵機
パン製造用厨房
コールドテーブル
ワイン売り場
ミキサー
パン売り場
木樽

平面図［S=1:200］

PICK UP

ドイツのイメージに馴染む国産材

パン売り場では、ドイツの国樹オークの同属
である北海道産のナラを、商品陳列棚・
床・ワインラックなどふんだんに使用。また、
パンの陳列棚は子どもも大人も見やすいよ
うに、高さ700mm程度に設定している

ワイン売り場は依頼主が好きなドイツの店舗をイメージ
し、漆喰で凹凸を出したりヴィンテージレンガを張った
りして洞窟のような空間に。ワインのコルクから着想を
得て、天井は炭化コルク［43頁］を使用

「リープリング」所在地：福岡県北九州市、開業：2020年、設計：heritage、写真：岸野明子、総面積：31㎡、従業員
数：1名、回転数：50〜60組、日、客単価：1,500円、工期：1.5カ月、工事費：約650万円

吹抜けを生かして海外のテラス席風に

シーフードがメインのスペインバル。数カ所のホテルで腕を振るった依頼主が、その技量を地元に還元したいと開業。地元の人々が集える場所をつくりたいという想いから、内装のデザインはコミュニティスペースとして機能するスペインの街路に着想を得ています。周辺は住宅街だったこともあり、コロナ禍でも客足が途絶えることはありませんでした。

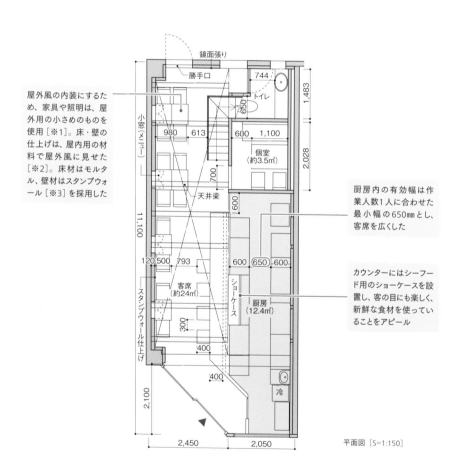

屋外風の内装にするため、家具や照明は、屋外用の小さめのものを使用［※1］。床・壁の仕上げは、屋内用の材料で屋外風に見せた［※2］。床材はモルタル、壁材はスタンプウォール［※3］を採用した

厨房内の有効幅は作業人数1人に合わせた最小幅の650mmとし、客席を広くした

カウンターにはシーフード用のショーケースを設置し、客の目にも楽しく、新鮮な食材を使っていることをアピール

平面図［S=1:150］

「SeafoodBar SONRiSA」所在地：千葉県市川市、開業：1年、設計：KAMITOPEN、写真：宮本啓介、総面積：約43.5㎡、従業員数：3名、回転数：2回、客単価：約5,000円、工期：1カ月、工事費：非公開 ｜※1 屋外用の家具は屋内用よりもサイズがひと回り大きいため、屋内で用いるときは小さめを選ぶとよい ｜※2 屋外用の床材はすべり止めの目的でざらざらしており、室内では汚れが落ちにくくなるケースが多いため。また、屋外用の壁材は人が触れる想定がされておらず、粗い仕上げ面がけがの原因になりうるため、屋内での使用は適さない ｜※3 レンガやタイルなどの仕上げを模すために、モルタルにレンガやタイルなどの外形を型押し（スタンプ）する仕上げ方

2 光が差し込む 街路風の空間

最高部で7.7mほどある吹抜けを生かし、切妻屋根の妻部に大開口を設置。上から光が差し込む街路風の空間を創出した。街路の外壁に沿って配置された席に座るイメージで、客席は入口から直線状に配置。突き当りの壁は鏡面張りとして奥行きを広く見せ、より街路感を高めている

1 個室は照明で 屋内の雰囲気に

個室は街路から建物内に入った設定で、薄暗くして雰囲気を変えている。天井の梁は色温度を変えられる照明を仕込んで活用。昼間は自然光に近い寒色に、夜は暖色に調光している

壁面に設けた小窓も、店の雰囲気に合うデザインに。開くとメニューが出てくる楽しい仕掛けも兼ねている

移転前の雰囲気を残しつつ客層を広げる

全国にファンが多い、1964年創業の老舗オーセンティック（本格）バー。長年営業を続けてきたビルの解体に伴い移転しました。移転先は路面店で面積も広くなるため、移転前の格式ある雰囲気を引き継いだカウンター席に、パブのような雰囲気のテーブル席やVIPルームを設け、より広い客層に対応しています。

カウンターは全部で10席。バーテンダー1人が一度に接客できるのは2〜3人までと考えると、カウンター内には最大3人のバーテンダーが入る可能性がある。カウンター内の通路幅は850mmに設定し、すれ違うためのスペースを確保した

1〜2人でしっとり楽しむカウンター席、団体で楽しめるパブのようなテーブル席、個室で隠れ家的に使用できるVIPルームのいずれも用意することで、さまざまな客のニーズに対応できる。カウンター席とテーブル席の間は、移転前の店舗で使っていた照明付きパーティション（高さ1,235mm）で仕切っている

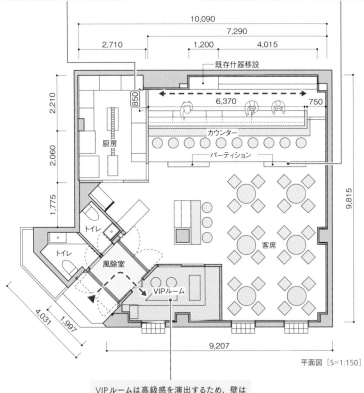

平面図［S=1:150］

VIPルームは高級感を演出するため、壁は大理石仕上げとした。一般席とは雰囲気の異なる白の空間で特別感を味わえる

「パブレストラン　ナポレオン」所在地：広島県呉市、移転開業：2018年、設計：FATHOM、写真：ボンドナカオ
総面積：99.2㎡、従業員数：4名、回転数：1〜4回、客単価：4,000円、工期：4カ月、工事費：非公開

風除室で
気持ちをリセット

入口の風除室。路面店なので、日常から非
日常の空間に入る前に、気持ちをリセットで
きるよう白の内装とした。トイレも風除室に
接して設け、トイレを使うときに再度リセット
できる空間としている。風除室の片側（写
真右手）にはVIPルームの隠し扉。店内を
通らずに出入りすることが可能

照明は間接照明を中心に構成し、明るすぎない空間とした。
テーブルは狭角ダウンライトでピンポイントに照らし、光で客
席どうしを仕切っている。人の目に近いテーブルランプは乳
白色のカバーがついたものを使用し、まぶしすぎないよう工
夫。ただし、掃除のときは明るくする必要があるので、調光
機能付きでしっかり明るくできる器具を選んだ

店内の家具を
高級に見せる

パーティションやテーブルの脚は移転
前の店舗から移設したもの。カウンタ
ーやテーブルは新しく製作した。特に、
手に触れる家具は装飾的に。テーブル
はエイジング加工で老舗の重厚感を演
出し、カウンターは客が手を掛けられる
ように、縁にあえて段差をつけている。

テーブル

エイジング加工

カウンター

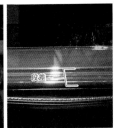

段差

大開口で入りやすいバーにする

もともとはビルの5階で営業していたバー。気軽に入りやすい雰囲気にするため路面店に移転しました。店舗前面の公道は車両の行き来がないため、路上を利用した客席の設営が可能に。テラス席なら気軽に利用でき、換気面でも安心。緊急事態宣言などの影響で夜の営業ができないときは、昼にカフェとして営業もしていました。

面積が限られているため、カウンター席は入口から入ってすぐの位置に。入口を6枚建ての引戸にすることで、通路がなくてもすべてのカウンター席に出入りができるようにした

中央の柱にモニター（42インチ）を設置。客がオンライン飲み会などができるようインターネット接続も可能。竣工時は石膏ボードまでしか仕上げておらず、客がモザイクタイルを張って一緒に仕上げていく仕掛けをし、常連客を増やした

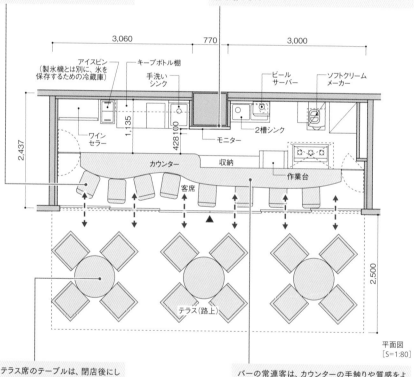

平面図
[S=1:80]

テラス席のテーブルは、閉店後にしまう必要があるため、折り畳める軽いものを選定。天気の悪い日は、オーニングテントで対応

バーの常連客は、カウンターの手触りや質感をよく覚えているため、移転前と同じ木製カウンターを使用。脚は汚れ防止のためモザイクタイルで仕上げている

「COCOON」所在地：東京都中央区、移転開業：2020年、設計：KAMITOPEN、写真：宮本啓介
総面積：15㎡、従業員数：1名、回転数：2回、客単価：〜10,000円、工期：1カ月、工事費：非公開

ソフトクリームメーカーは
電気容量に注意

カフェ営業では提供メニューに、バー営業ではデザート用にソフトクリームメーカーを導入。電気容量が大きいため、導入する場合は電気容量が足りるかなど事前の検討が必要

ソフトクリーム
メーカー

入口の引戸は、足元に透明ガラスで店名を入れている。アイキャッチになるのはもちろん、店内の混み具合も外部から確認できる。引戸の素材は防火のためスチールに木目の硬質塩ビタックシートを張っている

店舗への愛着を生む仕掛け

バーは、常連客で成り立つため、心を離さない工夫が重要。「COCOON」では、壁はモザイクタイル仕上げだが、厨房中央の柱壁は下地の石膏ボードまでしか仕上げていない。事前に用意しておいたモザイクタイルを客が営業中に張って、店舗の内装を完成させる楽しさを共有する仕掛けだ。モザイクタイルは1個単位で購入でき、単価は300円程度。事前に店主が購入しておき、客とのコミュニケーションツールとすることで、新規客ともつながりが持ちやすい。カウンター中央付近など客からよく見える場所に置くとよい。

左：モザイクタイルは、客から見えるようにBOXを開けた状態で置く。右：完成途中の様子。一緒につくり上げる楽しさを共有できる

DIYをデザインに生かした屋台風焼鳥店

焼鳥をメインに立ち飲みなども楽しめる居酒屋。周りには歴史ある老舗が立ち並ぶ立地のため、あえて屋台風な雰囲気で差別化を目指しました。依頼主が解体や左官など大部分のDIYを希望したため、それを生かしつつ粗が目立たないような意匠としています。

立ち飲みカウンターの手前に焼鳥の炭焼き台を設置。匂いで集客できるうえ、換気も効率よく行える。炭焼き台は汚れが目立つので、客から手元が見えないように立上りをつくり、隠している。仕上げ材はタイルなど拭き掃除がしやすいものがよい。また、炭焼き台は壁から60〜70㎜以上離して設置する。この隙間がないと空気が入らず火が付かないので注意

厨房は、2人がすれ違うスペースがない（幅700㎜）ので、調理担当と洗い物担当の動線が変わらないようにしている。調味料や食器などは、厨房を圧迫しないようカウンター上部に設置した収納棚と折戸に収めている

ローレンジ
スチーム
コンベクションオーブン
縦型冷凍冷蔵庫
食洗機
コンロ
給湯器
炭焼き台
立ち飲みスペース
テイクアウトカウンター
収納
トイレ
洗い物動線
厨房
調理動線

平面図
[S=1:200]

袖壁（延焼ライン内のある部分）は、安価なアルミ樹脂複合板張りとし、防火性能を満たした。角部の小口はパテ処理のうえ、塗装とした

店内でも
屋台の雰囲気を演出

客が座るカウンター上部に収納棚&折戸を設置し、籠り感のある屋台風のキッチンを演出。調味料や食器の収納として活用することで、省スペースにもなっている。客が触れるカウンターや目に入る厨房後ろの壁には、価格が高めのタイルを使用

DIY部分となじむよう、設計部分もホームセンターで手に入る素材のみを使用して統一感をもたせた。立ち飲みカウンター上部は、コンパネと垂木をあえて見せて施工中のようなデザインに。実際に工事中ではないので、コンパネはあえて日焼けさせてきれいに見えるようにしている。垂木の上部には銅板をまわして水切りにした。天板は溶融亜鉛めっきの上にリン酸亜鉛処理を施して防さび性を高めるとともに、色の濃淡で鉄板感を演出している。また、さびの汚れが客につかないようクリア塗装をしている

「811」 所在地：広島県呉市、開業：2020年、設計：FATHOM、写真：足袋井竜也、総面積：35.7㎡、従業員数：1名、回転数：2〜3回、客単価：3,500〜4,500円、工期：4カ月、工事費：約1,000万円（厨房機器含む）

店主の雰囲気を生かしたバー

地下にある隠れ家的なバー。ジンやウイスキーがメイン。バーは店主を慕って常連客が付くので、店主（依頼主）の雰囲気に合わせたデザインとしています。依頼主は実直な職人気質。RC造を生かした重厚感のある整然とした印象に仕上げ、その人柄に合わせています。

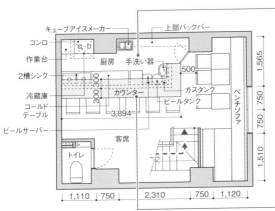

キューブアイスメーカー
コンロ
作業台
2槽シンク
冷蔵庫
コールドテーブル
ビールサーバー
厨房
手洗い器
カウンター
3,894
客席
トイレ
上部バックバー
ガスタンク
ビールタンク
ベンチソファ
1,565
500
300 300
750
750
1,510
1,110　750
2,310　750　1,120

平面図［S=1:120］

3口コンロ、食器洗浄機、冷蔵庫などの厨房機器を多めに設置したいと希望されるケースは多い。しかし、その分席数が減ってしまうため、コンロや冷蔵庫は最小限、優先度の低い機器は削るなどの対応が必要となる

カウンターの奥行きは、店主の腕の長さや好みなどに応じて寸法を決める。展示場などで実際に体感してもらったうえで確認することが必須。ただし、シンクやコールドテーブルなどが客から見えないよう、600mm以上の奥行きは確保したい。なお、客が来店して扉を開けたときに店主と目が合う配置にすると、常連客が付きやすい

─ PICK UP ─

テーブル席で
売上げアップを狙う

テーブル席を設けて、宴会や多人数での利用にも対応できるようにしている。カウンター席のみと比べて客層の幅が広がり、売上げアップにもつながる

バックバーは、一番背の高いボトルに高さが合うように製作。ライン照明でボトルに下から光を当てれば、美しく浮かび上がる。また、地下の店舗は、非日常感の演出をアプローチに施すとよい

「wet meguro」所在地：東京都目黒区、開業：2019年、設計：KAMITOPEN、写真：宮本啓介、総面積：30㎡、従業員数：1名、回転数：2回、客単価：5,000円、工期：1カ月、工事費：非公開

蔵の雰囲気を味わえる日本酒直売所

明治13年創業の日本酒蔵元の醸造所敷地内に建てられた直売所。日本酒のほかにも、酒粕を使った菓子やおつまみ類、蔵元グッズが購入でき、日本酒の試飲スペースも備えています。蔵元の歴史や新商品などの最新情報を知ることができるギャラリースペースもあります。

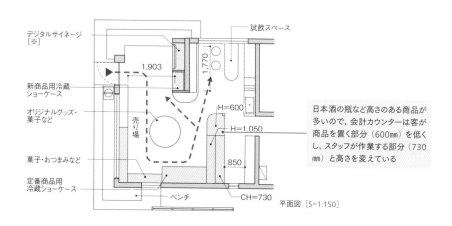

デジタルサイネージ
[※]

新商品用冷蔵
ショーケース

オリジナルグッズ・
菓子など

菓子・おつまみなど

定番商品用
冷蔵ショーケース

試飲スペース

1,903　　1,770

売り場

H=600

H=1,050

850

ベンチ

CH=730

平面図［S=1:150］

日本酒の瓶など高さのある商品が多いので、会計カウンターは客が商品を置く部分（600mm）を低くし、スタッフが作業する部分（730mm）と高さを変えている

PICK UP

日本酒や蔵の要素を店内に取り込む

発酵中の日本酒はポコポコと泡が立つ。円柱状の什器やカウンターの丸みは、発酵過程のこの泡から着想を得たもの。また、蔵の内部にあった収納棚を壁面に再現することで蔵の雰囲気を演出した

ファサードにはベンチ（高さ525mm）を設置。店舗を訪れた人が座ってひと休みできるよう、入口+αの機能をもたせている。敷地内でイベントを行う際にも使用できる

「金光酒造」所在地：広島県東広島市、開業：2021年、設計：FATHOM、写真：足袋井竜也
総面積：31.3㎡、従業員数：2名、回転数：非公開、商品単価：1,500〜7,000円、工期：3カ月、工事費：非公開
※新商品の告知、酒蔵の写真などを表示している

3 章

小さな飲食店の
つくり方

開業までの道のり

飲食店の計画から開業までには
多くのステップがあります。
どの段階で何をすべきかや、
開業までの全体の流れを把握することが、
スムーズな開業計画と余裕のある
資金調達につながります。
ここでは、飲食店開業までのスケジュールや
コスト感について解説します。

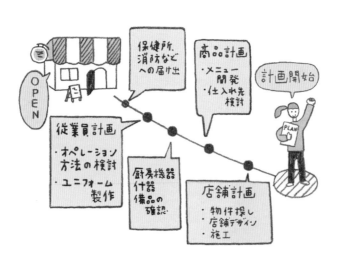

開業までのスケジュールを把握する

開業するにも居抜き物件や間借り［24頁］など、業態によって必要な期間は異なります。スケルトン物件を借りる場合は、企画から開業までに1年程度を見込んでおきましょう。

> コスト削減のため、家賃発生までの期間は可能な限り長くとりたい。違約金がない物件や人気物件は、早期に申し込むようにする。反対にずっと空いている物件ならば、フリーレントや家賃、保証金の交渉をする余地がある

スケジュール	やること
開業 1年前	コンセプト検討 店舗の"らしさ"と"売り"を決める。4W2H［※1］に沿って、できるだけ具体的に考えると、どのような店舗とするべきかが明確になり、物件探しなどの準備がしやすくなる
開業 11カ月前	事業計画策定 事業計画の策定は、開業準備をスムーズに進めたり、開業資金の融資を受ける際に「事業計画書」を提出したりするために重要。融資を受けたい機関の書式をあらかじめ確認し、必要な項目（開業の動機、経営者の略歴、取扱商品・サービスの説明、取引先・取引関係、従業員数、借入状況、必要な資金と調達方法など）を検討しておく
開業 6〜8カ月前	店舗用物件探し ターゲットとなる客層の来店が見込めるエリアや、希望の広さ、家賃などを割り出し、不動産ポータルサイトなどで物件を探す。候補の物件を見つけたら、内覧とエリアの下見を行う。店舗内だけでなく、物件周辺の雰囲気や人の流れ、競合店などの状況も把握し、ターゲットとなる客を集められるかを確認する。契約の際には、契約期間や更新意思確認の時期、退去時の規定などを細かく確認する
開業 5カ月前	資金調達・借入れ 一般的な飲食店の開業資金には平均1,630万円かかる。自己資金は、総融資額の1／2、目標とする年商の50%を目安に準備するとよい。残りの50%の資金は、外部機関からの融資やクラウドファンディングなどで調達を検討する
開業 4カ月前	料理・メニュー開発 メニューの開発は、原価計算を行い、予算に合うか検証する。また、食材などの仕入れ業者の検討も進める
	店舗内外装設計・施工 客席や厨房のレイアウト、オペレーションの確認、席数の設定を、コンセプトや事業計画に沿って決めていく。雰囲気は言葉だけでは伝わりにくいので、写真などを用いてイメージを共有しながら進めるとスムーズ
開業 3カ月前	機器の購入 冷凍冷蔵庫やコンロなどの厨房機器を準備する。大きさや数などはメニューや調理工程によって変わるので、事前に、使用する食材量などの見通しを立てておくことが大切。保健所の施設基準の確認も忘れてはならない［15頁］
開業 2カ月前	什器・備品の購入 家具や包丁、まな板、鍋、ボウルなどの什器や備品を購入する
開業 1カ月前 ［※2］	各種届け出・手続き 「食品衛生責任者」など必要とする資格を取得し、「営業許可証」とともに営業開始日の10日前までに保健所に提出する［169頁］。酒類や製菓など、店舗で扱う商品に応じて申請が必要な書類があるので、必要書類が分からない場合は保健所に確認するとよい。また、各保険の加入もこのタイミングで済ませておく
開業 1週間前	プレオープン 開業に向けた最終調整。知人や近隣住民などを招待し、無料、もしくは割引価格でメニューやサービスを体験してもらう。接客のシミュレーションや、機器・備品の最終確認を行い、閉店後に振り返りをして本番の開業に備える
開業	販促活動 店舗のSNSを開設したり、予約サービスポータルサイトへ登録をしたりして店舗の存在をアピールする

初めての融資では審査に時間がかかるため、申し込みから融資実行までに1.5カ月を見込む。融資が下りないと物件が契約できないこともあるので注意する

工事金額が最終決定するのは最後だが、概算見積を事前に取ったうえで設計を先に進めると、時間のロスが減り、物件契約とともに着工できるなど、コスト削減につながる

解説：飲食店デザイン研究所 ※1何を：飲食のジャンル、メニュー内容と価格をどうするか、誰に：ターゲットの年齢・性別・1組当たりの来店人数など、どこで：最適な物件はどこか（駅近か住宅地か、繁華街か郊外か、路面店か地下・空中階など）、いつ：オープン日までの段取り、いくらで：開業コストとランニングコストにどれくらいかけるべきか、どのように：どんな雰囲気のインテリアや外装・内装にするか ※2調理スタッフや接客スタッフを雇う場合は、この時期までにオープンに向けてオペレーションなどを試し、接客をブラッシュアップしたり、マニュアルを用意したりしておく

✎ 助成金と補助金で資金を調達する ✎

助成金や補助金は毎年変わります。2〜4月の年度変わり前後に発表されることが多いので、チェックすべき助成金などをそれまでに洗い出し、その時期にリサーチしましょう。

● 助成金と補助金の違い

	助成金	補助金
特徴	企業や民間団体、個人事業主などに対して、創業支援・人材雇用や育成に利用できる資金支援制度。国の政策目標を達成するために交付されるお金であることが多い	企業や個人事業主などに交付されるお金である点は助成金と同様で、事業立ち上げの際に利用できる制度。補助金も行政上の目的を達成するために行っていることが多い
主な実施機関	厚生労働省	経済産業省・中小企業庁
審査の有無	形式要件を満たすことが必要 実地審査を行う場合もあり	形式要件を満たすことが必要 必ず提案内容の審査あり
採択率	条件を満たしていれば受給することができる	良案と認定された場合に支給
募集期間	比較的長期（通年、半年など）	比較的短期（原則1カ月以内）

先に資金が調達できる融資とは異なり、どちらもお金は開業後に支払われる。自己資金での建て替えが必要になるので注意が必要

● 飲食店で利用できる助成金・補助金

名称	特徴
創業助成金	都内開業率の向上を目標とし、東京都における創業のモデルケースになりうる起業者を支援するもの
地域創造的起業補助金	新たな需要や雇用の創出等を促し、日本の経済を活性化させることを目的に、新たに起業する者に対して起業に要する経費の一部を助成
地域・企業共生型ビジネス導入・創業促進事業（地域・社会課題の解決支援）の起業家教育事業	中小企業等が地域内の関係主体と連携しつつ、地域・社会課題解決と収益性との両立を目指す取り組み（「地域と企業の持続的共生」）を支援
IT導入補助金	サプライチェーンの毀損への対応、非対面型ビジネスモデルへの転換、テレワーク環境の整備等、具体的に取り組む事業者によるIT導入等を優先的に支援するために創設
小規模事業者持続化補助金	地域の雇用や産業を支える小規模事業者等の生産性向上と持続的発展を図ることを目的とする

この他にも、「ミラサポplus」などの補助金支援サイトや中小企業庁のホームページなどで、さまざまな支援制度が紹介されている。定期的に、確認しておくとよい

クラウドファンディングで資金調達

ファンを獲得することが重要な飲食店にとって、クラウドファンディングはファンを募ることにもつながり相性がよい仕組みです。クラウドファンディングには、さまざまなかたちがあります。が、飲食店では飲食をしてもらうことが目的のため、寄付型やファンド型を中心に企画するとよいです。支援をしたくなるような売りをつくり、成功率を高めましょう。

クラウドファンディングの種類は以下のとおり。①寄付型：プロジェクトに対して支援者がお金を寄付する仕組み。②融資型：事業者が仲介する。個人投資家から小口の資金を集め、大口化して借り手企業に融資する仕組み。③株式型：企業が行う資金調達で、個人投資家へ未公開株を提供し、資金を募る仕組み。④ファンド型：企業が行う資金調達で、事業に対して個人投資家から出資を募る仕組み。⑤ふるさと納税型：自治体が解決したい課題をプロジェクト化する。そのプロジェクトに共感した人からふるさと納税によって寄付を募る仕組み

ファンがいなければ資金は集まらない。開業前からどのくらいのファンがいるかを確認できる機会にもなる

営業形態に合わせて営業許可を取得する

食品を扱う営業には、いろいろな種類があります。そのなかでも、表にまとめた業種については、食品衛生法で定められた営業許可が必要です。開業予定の業態に合わせて必要な営業許可を取得する。なお、食品衛生法は2021年に改正・施行され、一部、移行されたりなくなっているものがあるので注意しましょう。表にないものでも、営業する際に届け出が必要な業種があり、施設基準等や詳細については、保健所に問い合わせましょう。

● 営業許可が必要な業種

分類	業種
調理業	飲食店営業／調理の機能を有する自動販売機により食品を調理し、調理された食品を販売する営業
製造業	菓子製造業／アイスクリーム類製造業／乳製品製造業／清涼飲料水製造業／食肉製品製造業／水産製品製造業／氷雪製造業／液卵製造業・食用油脂製造業／みそまたはしょうゆ製造業・／酒類製造業・豆腐製造業・納豆製造業／麺類製造業／そうざい製造業／複合型そうざい製造業／冷凍食品製造業／複合型冷凍食品製造業／漬物製造業／密封包装食品製造業／食品の小分け業／添加物製造業
処理業	集乳業／乳処理業／特別牛乳搾取処理業／食肉処理業／食品の放射線照射業
販売業	食肉販売業／魚介類販売業／魚介類競り売り営業

客単価・回転率の決め方

飲食店経営を長く安定して行うには、計画時の客単価の設定と回転率の想定がとても重要です。

客単価は、店舗のグレード設定や提供メニューに、回転率は客席のつくりや物件選びにそれぞれ影響するので、計画当初から具体的に検討しましょう。

● 客単価の高い店

同じ売上額 ¥

● 客単価の低い店

同じ売上額 ¥

売上げの変動要因を把握する

客単価と回転率の設定は、目標売上額から決めます。目標売上額を堅実に達成するには、適切な客単価設定と、実現可能な回転率を想定することが大切です。飲食店の事業計画では、「売上＝客席×満席率×回転数×客単価」で売上げ計算をします。売上げには、この4つの要素が絡んでいることを念頭に、コンセプトや物件探し、プランの計画を進めることが重要です。

● 回転率に影響を与える要素

業態、出店エリア、客単価、提供時間、空間のゆとり、プラン構成などによって、回転率は変わる。必ずしも回転率を上げればよいということではない。店舗の目的やコンセプトに合わせて、目指す回転率を達成できるようにするのがよい

要素	効果など
プラン	待合いゾーンが見えるプランにすると、待っている人の有無によって客の早めの退店を促す効果がある。また、交通量が多く、環境がよくない通りに面している立地の場合（駅前の蕎麦屋など）は、開放率が高いプランにすると滞在時間が短くなる傾向にある
提供時間	厨房と客席の距離が近く、オペレーションがしやすいレイアウトにすると、注文から提供するまでの時間が短くなり、すぐにお腹が満たされたり酒が進んだりして、客が満足するまでの時間が短くなる。その結果、滞在時間が短くなる傾向にある
メニュー数	メニュー数が多いと飽きることがないので多くの注文がとれ、滞在時間は長くなる。メニュー数が少ないと注文に迷いがなくなり、滞在時間が短くなる傾向
居心地	椅子の座面の高さと硬さは居心地に直結し、回転率にも大きく影響する。椅子の座面が高ければ高いほど立っている状態に近づくため回転率が上がり、低ければ落ち着いて食事をする環境となり回転率は下がる。また、座面が軟らかいとくつろげるので、滞在時間が長くなり、回転率は下がる。硬ければお尻が痛くなるため滞在時間が短くなり、回転率は上がる傾向にある
明るさ	店内が明るければ回転率は上がりやすく、暗ければ下がりやすいのが一般的［20頁］
立地	駅前や人通りが多い立地では、来店頻度が高まりやすい。家賃などの固定費が高い傾向にあり、回転率を上げたほうがよい。また、一見さんや観光客などその街をたまたま訪れる人も多く、回転率を高めたほうが機会損失を少なくすることにも。逆に大通りから外れた路地裏立地では、地元の人やこだわりのある人が多いので、回転率を下げても安定経営になる可能性がある

客単価と回転率の関係

客単価が高い高級店では、回転率が低くても経営は成立します。その場所や時間をゆったりと楽しむ客がメインターゲットとなります。逆に客単価の低い麺専門店や居酒屋、定食屋、カフェ、ベーカリーなどは、回転率を高める必要があります。駅前の人通りが多い立地を選ぶこ

とや、注文を受けてすぐに提供できるオペレーションも必要です。また、満席率は客単価や回転率と同様に、売上に大きく影響する指標。客層や回転率にあった席タイプを採用し、無駄な席が出ないような席レイアウトとしましょう。

天井高で滞在時間を操作する

天井高は空間デザインにおいて、とても大きな影響を与えます。天井が高いと、人は平面的な面積以上に空間の広さを感じ、気持ちの面でも開放的な印象をもちます。逆に天井が低ければ、空間に実際よりも狭い印象を与え、プライベート感や茶室のような籠り感を出す効果があります。飲食店では、天井高を意図的に操作することで、意図した回転率や居心地を提供することができます。

回転率を上げたい場合は、高い天井よりも低い天井とするのがおすすめ。天井の低い空間は、実務的な作業や効率的な動きに適しているため、ファーストフードやラーメン屋のような居心地より食べるという行為に重点を置いている飲食店に適している

必要以上に天井が高い物件の場合は、ロフト席を設けることで席数を有効に増やすことができる可能性も。また、小上がりとして特別感を出す手もある

✐ 安定した経営のための勘所 ✐

開店前にしっかりとしたコストバランスを検討することが安定経営の肝。売上げが多少下がっても対応可能なように、物件取得費から運営コストまでまとめて考えましょう。開業までには主に、物件取得費、内装工事費、運営費がかかります。これらのバランスは、店舗が目指すコンセプトによっても変わってきますが、それぞれにかけるコストの割合をあらかじめ念頭におくことで、物件選びや投資回収の目標が検討しやすくなり、売上げ目標や客単価の設定もしやすくなります。

● 計画時のコストシミュレーションの手順

①目標金額の割合を想定し、実際にかかる金額を調べる
　物件取得費：物件取得にかかる費用を確認。準備期間の家賃も忘れずに含める
　内装工事費：内装設計施工や設備工事の見積りから概算
　運営費：備品、広告費、求人にかかる費用を確認。安定経営のために、家賃4～6カ月分の費用を確保しておく
②投資回収を計算してみる
　内装工事費にかかる投資をどのくらいの期間で回収可能か、想定する利益から計算する。投資回収にかかる期間を把握することで、内装をどのくらい保てばよいのかも分かり、仕上げ選びの参考になる。なお、安定経営のためには、予期せぬ事態に備えるキャッシュフローも見込んだうえで、ローンを組む期間や金額を検討するとよい
③家賃から売上目標を計算する
　家賃比率を10%として、売上目標を計算する
④客席と客単価、回転数を決める
　客席は1.5席／坪で固定とし、売上目標を達成可能な客単価や回転率を計算する。客単価が高すぎると感じたら、席数や回転率を増やすことを検討する

● 損益計算書を駆使する

損益計算書は割合（%）の把握が大事なので、それぞれの金額が計算できたら全体に占める割合を出す。事業計画に合わせて、どれを重要視するか検討していく

項目	計算方法	売上高に対する理想の割合
売上高（月）	席数×満席率×回転数×客単価×営業日数で求める	―
材料費（F）	食材の原価を30%想定するとよい	30%
人件費（L）	店主月給＋スタッフ人数×一日の勤務時間×雇う日数×時給	30%
家賃	売上の10%以内が理想	10%
諸経費	広告宣伝費、水道光熱費、販売促進費、通信費、消耗品費、修繕費。売上の10%を想定するとよい	10%
その他費用	法人税30%＋消費税10%＋固定資産税1.4%（利益に対して課税）	8.5%
純利益	売上高－（材料費＋人件費＋家賃＋諸経費＋その他費用）	11.5%

材料費を上げる場合は、料理やドリンク勝負。味の質を上げるとともに、客の心をつかむメニュー開発が大切

人件費を上げる場合は、サービス力につながる

家賃を上げると好立地が選択でき、集客につながりやすい

テイクアウトやデリバリー、シェアキッチンといった新しいビジネスモデルでは、人件費や家賃を大幅に縮小させることで利益を上げることになる

広告宣伝費や販売促進費にコストをかけると、集客につながりやすい

入居物件の選び方とデザイン手法

もともと飲食店があった物件を借り、改装して新規開業するケースは多くあります。新築するのに比べ初期費用を抑えられるからです。

ただし、その場所に以前あった店舗が閉店したという事実を忘れてはなりません。

物件選びの注意点

物件を選ぶに際し、まず「そこで開業可能か」を確認し、コストにかかわるポイントを中心に検討していきましょう。内部の間取りも重要ですが、周辺環境や既存設備のチェックも必須です。

ポイント	理由
重飲食か軽飲食か	物件によっては、貸主または所有者が業態を限定しており、重飲食［※］不可のものもある。開業予定の業態が物件の条件に合致しているかを確認する
賃料	家賃は総額ではなく、坪単価で検討する。周辺物件の坪単価と比較して高いか安いかで評価する
面積・形状	厨房は、提供する食事の種類にかかわらず、必要最低寸法はほぼ共通［18頁］。必要寸法を把握したうえで、おおまかな間取りを想像しながら物件を選ぶ。客席は坪当たり1.5席で席数を概算し、採算がとれるかどうかを判断する［10頁］
上階・周辺に住宅があるか	上階に住宅がある物件では、臭いを除去するための設備［86頁］設置が入居条件になることもある。臭いや騒音のクレームが開業後に発覚すると、営業上深刻なダメージを受けるため、事前の確認が必須
下の階があるか	下の階にテナントがある場合は、漏水に要注意。2重防水にするなど防水工事のグレードを上げる必要が生じることもあり、コストアップにつながる
排気ルートの検討	排気口の位置をイメージする。壁から直接排気してもよい場所かどうかは要確認［86頁］。そうでなければ屋上までダクトを伸ばす必要があり、建物の高さに応じてコストがかさむ
隣接建物との距離・隣地境界線	ダクトを屋上まで伸ばす場合は、足場の設置が必要になる。足場を立てるスペースがあるかを確認し、作業中に隣地境界線を超える場合は、隣の建物の貸主・所有者への許可取りが必要
構造の種類	給排気のダクトを通すためには、600mm角の開口が必要。木造・鉄骨造は躯体工事が可能だが、RC造では自由に開口を設けることができない。既存の開口の寸法をチェックする
設備	設備の入れ替えが必要かどうかは、コストに大きく影響する。既存のインフラ設備を下見の際に写真で撮影しておくと、後で施工者や各インフラ会社と打ち合わせをする際に便利
看板の設置予定	看板設置位置の制限については、まずは不動産会社に確認。形状（敷地内の置き看板、ファサードの壁面看板、突き出し看板など）や大きさを検討したら、デザイン案を作成したうえで貸主・所有者に確認をとる
前面道路の幅と交通量	前面道路の幅は、工事の際の搬入に支障がないかを確認。また、看板設置など道路にはみ出して施工を行う場合は、道路使用許可を取る必要がある。交通の妨げにならないよう、下見が必要だ
大通りとの関係性	集客を得るためには、人通りの多い大通りからどのように見えるかを確認する。小規模店舗ならば、大通りから1本入った細い通りに面している場所がよい。賃料を抑えられ、地元のリピート客を見込めるからだ
天井高さ	天井高さは、設備のダクト経路の設計や、仕上げ面積の算出に必要になる。また、検討の際は間取りに気を取られがちだが、狭小でも天井が高ければ広がりのある印象になる。物件の図面は、平面図だけでなくすべて入手するとよい
物件の引渡し状態	物件が引き渡される際、居抜きかスケルトンかを確認する。居抜きの場合、プラン変更や機器の取り換えには解体・処分費用などの諸経費がかかる

解説：飲食店デザイン研究所
※ 調理に煙や臭いを伴い、大がかりな給排水・給排気設備を要する業態を指す。たとえば中華料理、肉料理、カレーなど。対して、ドリンクや軽食が中心のカフェ、バーなどを軽飲食と呼ぶ。ただし、法律などで明確に定義された用語ではないため、入居希望の業態がどちらに属するか、入居可能かどうかは、貸主・所有者の判断に委ねられることも多い

♯ 現地インフラ調査のポイント ♯

● 給排気設備

600mm角の開口があるか、なければ躯体工事であけることが可能かを確認する。給気と排気のダクトを通すので、開口は2カ所は必要となる

● 給排水設備

排水管の位置を確認。φ75mm（外形89mm程度）以上の排水管が1カ所以上ないと、トイレを設置できない。加えて、別の場所にφ50mm程度の排水管が1カ所あると、取り回しが容易になる

● 電気設備

電灯盤（単相）と動力盤（3相）がある。どちらも、表面に記載されているアンペア数を把握しておくこと［※1］

● ガス設備

プロパンガスの場合は設置スペースの確認、都市ガスならばガス会社に問い合わせて容量を把握する。ガスメーターは10号以上が望ましい。建物全体での容量が大きくても、別のテナントが多く使用している場合もあるので要注意

● 空調設備

エアコンの室外機がどこにあるかを確認。周囲のスペースが十分かどうかで、エアコンの効きが変わるので、なるべく開放的なスペースを探す

♯ 動線計画の基本 ♯

● 客席でのオペレーション設計の勘所

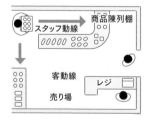

売り場の動線計画は、入店後、商品を選んで会計に進むまでがスムーズに流れ、かつ、レジ待ちの列がほかの客の妨げにならないように考える。一方、厨房での製造から商品陳列棚までのスタッフ動線も忘れてはならない。この2つが交錯することのないよう、効率のよい動線計画を心がけたい

ホールスタッフは、常に動き回るわけではない。注文や料理を待つ間など、わずかな手すきの時間が生じた時、客席のすぐ近くでぼうっとしていては悪印象を与える。スタッフがひと息つけるスペースを客の死角につくると、働きやすさがアップする

客にとって、スタッフの視線は意外と気になるもの。注文などにすぐ対応してもらえるのは嬉しいが、見張られているように感じるのは居心地が悪い。客席を見渡すことができ、かつ書類仕事などの雑務ができる待機場所をつくるとよい［※2］

※1 電気設備として主なものは、厨房機器、エアコン、換気設備。いずれも機種によって単相と3相があり、厨房機器ならばガスを使用する機器もある。両方の容量を把握し、使用したい機器の優先順位によって動力源の割り振りを決定していく
※2 レジカウンターやディッシュアップ（厨房で調理した料理を一時的に置いておくためのスペース）が最適

人気店になるデザインの鉄則点

厨房での働きやすさは、客の居心地のよさにもつながります。動線が悪いと回転率だけでなく店の雰囲気も低下してしまうので基本をしっかり押さえた計画が肝要です。

● 店舗選びの心理を理解する

外装は店舗の名刺代わり。和食、イタリアン、中華など、食事のジャンルをまず外観で伝えたい。また、客は外観から価格帯を推し量る。店内が見えず、陰影の強い照明であれば高級店、逆にガラス張りのオープンな雰囲気で、店内が明るく照らされていれば、お手頃な店舗だと感じるもの。開放的なファサードは、安心で入りやすい印象を与え、一般的には集客力アップにつながる［※3］

最近は、ネットで店舗情報を確認してから訪れる客も多い。口コミやリピーターを増やすには、事前情報とのよいギャップをつくることが重要だ。たとえばカジュアルな食事風景に対して外観を高級感のある設えにすると、コストパフォーマンスの高さを感じ、満足感が高まる

客は、訪ねた店舗での食事体験を「減点式」で評価する。来店時のインパクトや料理でプラスに感じても、機能面での不快感［※4］は強く印象に残る。非日常感の演出や世界観など店舗デザインを特徴づけることも重要だが、マイナス面をつくらないことが大前提だ

解説：飲食店デザイン研究所｜※3 ただし、高級店や隠れ家的な飲食店やバーなどでは、入りやすい店構えが特別感を損ない、マイナスにはたらく可能性もある。また、大通りやオフィス街など人通りの多い道に面し、客が大衆の視線にさらされていると感じてしまう場合は、カジュアルな業態の店でもガラス張りの意匠には要注意。通行人と店内の客の視線が合わないよう、客席のレイアウトやルーバー、目隠しの設置など工夫が必要だ｜※4 空調の風が当たる、隙間風で足元が寒い、ほかの客の動きがあり落ち着かない、トイレや厨房、テーブルに不潔感があるなど

必須の届け出と法知識

飲食店はその特性上、多くの規制がかかります。

スムーズに開業するには、設計案を早期に確定し、所轄の行政機関と事前協議を行うことが欠かせません。

必要な手続きと法知識を押さえ、準備万端で開業に臨みましょう。

飲食店開業に必要な手続き

飲食店の開業に要する主な手続きは、営業許可申請を含め10種類［表］。届け出義務があるのは依頼主ですが、③④⑧⑨は設計および工事内容を詳解する必要があるため、多くは施工者によって行われます。このほか、業種に応じて風俗営業許可申請［140頁］や菓子製造業許可申請［104頁］の手続きが求められます。また、スタッフを雇用する場合は労災保険（労働基準監督署）や雇用保険（公共職業安定所）、事業主が法人の場合は社会保険（社会保険事務所）への加入が必要となります。

● 主な申請および届け出のリスト

管轄		手続き	対象	届出時期
保健所	①	営業許可申請	すべての店舗	施設完成10日前まで
	②	食品衛生責任者［*1］資格の取得		営業開始まで
消防署	③	防火対象物［*2］使用開始届	建物や建物の一部を新たに使用し始める場合	使用開始7日前まで
	④	防火対象物工事等計画届出書	間仕切りの変更など内装工事が発生する場合	工事着手7日前まで
	⑤	防火管理者［*3］資格の取得	収容人数30人超の店舗	営業開始まで
	⑥	防火管理者選任届出書		
	⑦	消防計画作成届出書		
	⑧	火を使用する設備等の設置届出書	火を使用する設備［*4］を設置する場合	設備設置前まで
	⑨	消防用設備等設置届出書	火を使用する設備または器具を設けたすべての店舗［*5］	工事完了から4日以内
税務署	⑩	個人事業の開廃業等届出書	個人で開業する場合	開業1カ月以内

飲食店の場合、❶スタッフ数、❷固定式の椅子［※］の席の数（長椅子の場合は座面長さ0.5mごとに1名、端数切捨て）、❸その他の部分3.0㎡ごとに1名、を合計したものが収容人数となる。算定における判断は自治体によって異なるため、管轄の消防署に必ず事前相談すること

⇒ 店舗の延床面積に応じて必要な手続きが変わることがあるので、所轄の行政機関に確認すること
*1 調理や食品提供などが衛生的に行われるよう管理する者。1店舗につき1名必要
*2 商業施設や病院など、不特定多数の人が出入りする建築物などのこと
*3 防火対象物において、消防計画の作成などの防火管理活動を行う者。飲食店では、延床面積300㎡以上は甲種の、300㎡未満は乙種または甲種の防火管理者資格が必要
*4 熱風炉、多量の可燃性ガスまたは蒸気を発生する炉、使用電力合計350kW以上の厨房機器、ボイラーまたは入力70kW以上の給湯沸し設備など
*5 自動消火装置などの安全装置を設置した場合は免除。無窓階（消防法施行令10条1項5号、消防法施行規則5条の2）の場合は適用外

解説：飲食店デザイン研究所
※ テーブルに対応して固定される椅子

設計上のチェックポイント

建築基準法と消防法では避難通路など防災上の安全確保を、食品衛生法では食品提供するうえでの安全の確保を目的として、各種の規定が設けられています。ここでは、延床面積約40㎡のレストランをモデルに、設計時の主なチェックポイントを下図にまとめました。

厨房［※1］の天井と壁は、石膏ボードなどの不燃材で仕上げる［※2］。オープンキッチンとする場合は、客席全体も厨房の一部として扱われるため、同様の内装制限を受ける［建］

各部分からの歩行距離が20m以内となるように消火器を設置する。住宅用消火器の設置は認められない。なお、IHコンロを使用する場合は設置の対象外［消］

スタッフの更衣室を設ける。更衣ロッカーがあることが望ましいが、衣服を収納できるかごなどでもよい［食］

間仕切の変更により既存の自然排煙口を隠蔽することも多い。下地・仕上げともに不燃材で床面積100㎡ごとに区画すれば排煙設備が免除される［※3］［建］

凡例
［建］：建築基準法
［食］：食品衛生法
［火］：火災予防条例
［消］：消防法

平面図［S=1:60］

※1 厨房機器の最大消費熱量が350kW以上となる場合は、厨房の不燃材料による区画や、防火シャッターなど防火設備の設置が求められるため注意｜※2 法35条の2｜※3 平12建告1436号。本事例の場合は床面積100㎡未満のため、内装を下地・仕上げともに不燃材で構成すればよい

ガスコンロと天井・壁などの可燃物との間には、
離隔距離を確保する。ただし、下地を含め不燃
材で構成した部分、または防熱板［※4］を設
けた場合は緩和される［※5］［火］

消毒剤（液体せっけん）付きの手洗い器
を、スタッフ用と客用の2カ所設置する［※
6］。スペースや予算の制約で難しい場合
は、厨房の2槽シンクのうち1カ所を手洗
い専用として運用することで代用できる場
合もある。また、自動水栓や押しペダル
式、ひじで扱えるサイズのレバーハンドル
水栓など、手を使わなくても水が出せる水
栓とする必要がある［食］

厨房と客席を行き来する通路は扉などで
仕切ること。一般的にはスイングドアが用
いられる［食］

都市計画区域内では、50㎡以下の小規
模な店舗が立地制限を受けることはほぼ
ないが［※7］、テナントとして複合用途
の建物に入居する場合はより厳しい制限
を受けることもあるため、あらかじめ確認
しておくこと。

厨房には2槽以上のシンクを設置する。1
槽当たりのサイズは、内径で幅450×奥
行き360×深さ180mm以上。水と湯それ
ぞれの蛇口が独立してついている構造が
望ましい。食器洗浄機があれば1槽でも
可［食］

避難・防火上有効な開口部を確保できず
無窓階［※8］と判定された場合、自動
火災報知機や非常警報、屋内消火栓と
いった消防設備の設置基準が厳しくなる
ので要注意［消］

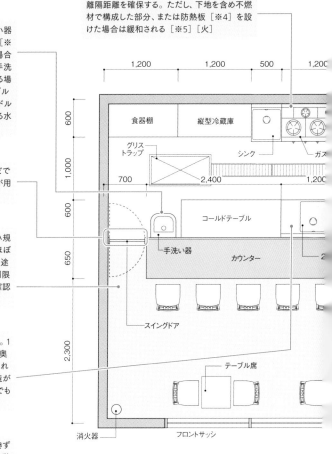

解説：飲食店デザイン研究所｜※4 コンロの火や熱を遮断し、近接する壁などを守るための板状材｜※5 東京都火災予防
条例3条の2｜※6サイズや容量などの規定は自治体ごとに異なる｜※7 工業専用地域のみ不可。そのほかの地域は店舗の
床面積や業態などの条件付きで可能｜※8 消防法施行令10条1項5号、消防法施行規則5条の2

🍴 申請の流れと注意点 🍴

食品を扱うすべての店舗で必要となるのが、保健所への営業許可申請です。ここでは、食品を扱う「人」[169頁表②]と、店舗の厨房設備や間仕切の有無などの「設備・構造」に関する要件がチェックされます。もし是正工事が発生すれば、開業日の遅延、工事費の追加など損害も大きくなります。遅くとも開業3カ月前までには平面プランをもとに一度事前協議を終えるように計画しましょう。

● 保健所への営業許可申請から許可証交付までの流れ

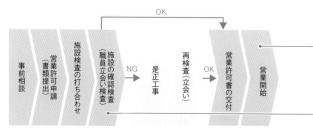

営業許可を申請してから施設検査までにかかる期間は、自治体によって異なる。早ければ数日、長い場合は2週間以上かかる場合も

設備の一部などを変更した場合は、その都度届け出る。店舗の譲渡、増改築、移転が発生した際は新たに営業許可申請を行うこと

🍴 コンロと周囲の可燃物との離隔距離 🍴

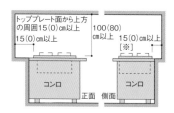

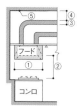

・不燃材料以外の材料による仕上げまたはこれに類似する仕上げをした建築物などとの部分および可燃性の部品との離隔

・( )内数値は、不燃材料で有効に仕上げをした建築物などの部分および防火板との離隔

①フード幅 ：火気使用の厨房設備の幅以上を確保

②フードまでの距離 ：火源よりグリスフィルターまでは1m以上確保

③排気ダクト ：建築物などの可燃性の部分および可燃性部品との間は、10cm以上確保

④緩和材料 ：厚さ5cm以上の金属以上の不燃材料（JISA9504に示すロックウール保温材、JISA9510に示すケイ酸カルシウム保温材もしくは、これらと同等以上の材料）で被覆する部分については不要

⑤フードと壁、天井との隙間 ：各消防署により見解が異なるため、壁・天井材の下地・仕上などについて、要事前協議

解説：飲食店デザイン研究所

※ IHコンロは10（0）cm（火災予防条例21条）

飯島彩子[いいじま・さいこ]REVEL DESIGN
東京都生まれ。武蔵野美術短期大学デザイン学部生活デザイン科卒業。株式会社SWANS IDにインテリアデザイナーとして勤務した後、2011年に東京の西荻窪に「REVEL DESIGN」を設立。時代感を持ちつつ飽きのこないデザイン、無機と有機のバランスとマテリアルの質感を特に大切にしている。空間構成においては末席を作らず、空間のどこにいても快適な居心地をモットーとしている。クライアントと信頼関係を築きながら長く愛される空間作りに定評がある

石倉のり隆[いしくら・…たか]OUTER
1987年福岡県出身。九州産業大学工学部建築学科卒業。広島の設計デザイン事務所の勤務を経て、'17年にアウトドアデザイン事務所OUTER、'20年に建築設計事務所「INER」をそれぞれ設立

飲食店デザイン研究所[いんしょくてん・…けんきゅうじょ]
2014年設立。設計者、インテリアデザイナー、グラフィックデザイナー、飲食店の経験が豊富な施工業者、不動産の専門家などが集まり、人の集まる飲食店づくりをプロデュースしている

加藤拓央[かとう・たくお]カレー設計事務所
1982年京都府生まれ。2006年大阪芸術大学芸術計画学科卒業。2010年より島根県の建築デザイン会社にて古民家のリノベーションや商店建築などを多数手がける。'21年に地元の京都府宇治市に、カレー店兼設計事務所のカレー設計事務所を設立

祇園餃子[ぎおんぎょうざ]
京都府内で冷凍生餃子の24時間無人販売所を複数店舗展開する人気チェーン。ニンニク控えめの餡がたっぷり入ったもっちり食感の京餃子は、食べ応え満点で、食卓の主役になる

岸野健治[きしの・けんじ]heritage
1976年福岡県生まれ。2010年heritageを設立。自然素材を主に店舗や住宅のデザイン、リノベーションを手がけるほか、什器や建具も自らデザインし製作している
https://www.heritage-archigram.com/

暮らしのいろいろをていねいに、
日替わりで店主が替わる飲食店、不動産、鍼灸院、イベントスペースとして営業する複合店舗。店舗を構える東京・西荻窪の人々の「健康と暮らしをサポートする」がモットー
http://teineini.com/

cosoado.
2001年創業。数多くの飲食店の設計施工を行う。'10年雑貨店開業、'20年アニマルカフェ開業

南インドの軽食と定食 三燈舎[さんとうしゃ]
東京・神保町に構える南インド料理店。日本では貴重な南インド・ケララ州のミールス（定食）、ティファン（軽食）を提供する専門店。本場の味と店主自らが手がけた居心地のよい内装が話題の人気の店。店名はシェフの出身地の言語であるマラヤーラム語で「幸せ」の意
https://santosham.tokyo/about

瀬野和広[せの・かずひろ]設計アトリエ
1957年山形県生まれ。'78年東京デザイナー学院スペースデザイン科卒業。鬼工房施設デザイン課、大成建設設計本部勤務を経て、'88年設計アトリエ開設

solva[そるゔぁ]

店舗設計を経て、2007年に住宅リフォーム・設計・施工を手がける個人事業を創業。'13年株式会社solvaを設立。'20年には、空き家空間プロジェクトとして、貸切レンタルスペースsoelを立ち上げた

武田憲昭[たけだ・のりあき]PROCESSS DESIGN

1980年大阪府生まれ。2003年近畿大学理工学部建築学科卒業。MARIO DEL MARE勤務、PROCESSS DESIGN OFFICE設立を経て、2009年PROCESSS DESIGN設立。'13年株式会社PROCESSS DESIGNに改組。一級建築士事務所に改組

トトモニ

「自然とともに家族とともに造り手とともに○○とともに〜」を楽しむ家づくりの会社。2009年に設計者と現場監督で設立。家づくりを通して、より面白い世の中の実現を目指す

長坂常[ながさか・じょう]スキーマ建築計画

スキーマ建築計画代表。1998年東京藝術大学卒業後にスタジオを立ち上げ、現在は北参道にオフィスを構える。家具から建築、そして町づくりまでスケールも様々、そしてジャンルも幅広く、住宅からカフェ、ショップ、ホテル、銭湯などを手掛ける。どのサイズにおいても1/1を意識し、素材から探求し設計を行い、国内外で活動の場を広げる。日常にあるもの、既存の環境のなかから新しい視点や価値観を見出し「引き算」「誤用」「知の更新」「見えない開発」「半建築」など独特な考え方を提示し、独自の建築家像を打ち立てる

中村菜穂子・昌彦[なかむら・なほこ・まさひこ]一級建築士事務所こより

2010年こよりを京都に設立。'22年東京事務所開設。住宅・各種店舗・施設などの設計、設計監理をはじめ、監修、インテリアデザイン、空間ディスプレイ、コーディネートなどを行う

中本尋之[なかもと・ひろゆき]FATHOM

1978年広島県呉市生まれ。2001年広島造形デザイン学科卒業後、設計施工会社勤務を経て'17年1月にFATHOMを設立

平舘祐希[ひらだて・ゆうき]HACOLABO

1984年神奈川県生まれ。2003年町田ひろ子インテリアコーディネーターアカデミー卒業。現場監督として勤務の後、店舗デザイナーに転身。'15年にHACOLABOを設立。個人オーナーの飲食店を中心に、17年間で800店舗以上の設計・施工を行う

藤原洋司[ふじわら・ようじ]atelier salt

1984年神奈川県生まれ。2013年atelier Saltを神戸に設立。住宅・各種店舗・施設などの内装設計、設計監理、監修、各種内装施工を行う

MYキッチンカー

2021年運営開始。キッチンカーの販売、レンタル、装飾品販売、出店場所紹介など、キッチンカーに関しての幅広いサービスを提供するブランド。運営会社は京都で自動車の販売・整備・レンタルなどを行う橋本商会。新型コロナウイルス感染拡大を契機に、キッチンカー事業を開始。設計・施工は、京都を中心に活動し、木材のよさを生かしたリノベーションを得意とするFIVE DESIGNSの主導で行う

モデュレックス

空間と環境の価値を高め、情感を生み出す「Lighting」を提供する照明メーカー。クライアントの価値を最大化するための統合的なソリューションの提案、照明器具および環境制御機器の開発、製造、販売、照明計画から、現場での調整、アフターメンテナンスまでを自社で行う

山田隆俊[やまだ・たかとし]コンテデザイン

1982年静岡県生まれ。2006年武蔵野美術大学造形学部空間演出デザイン学科卒業。インテリアデザイン事務所を経て、'12年コンテデザイン設立。'17年株式会社コンテデザインに改組

吉澤生馬[よしざわ・いくま]PROCESSS DESIGN一級建築士事務所

1980年奈良県生まれ。2003年近畿大学理工学部建築学科卒業。設計組織アモルフ勤務を経て、'09年PROCESSS DESIGN設立。'13年株式会社PROCESSS DESIGN一級建築士事務所に改組

吉田昌弘[よしだ・まさひろ]KAMITOPEN一級建築士事務所

1977年大阪府生まれ。2001年京都工芸繊維大学工芸学部卒業。同年タカラスペースデザイン入社。'07年KAMITOPEN設立。'08年株式会社KAMITOPEN一級建築士事務所に改組

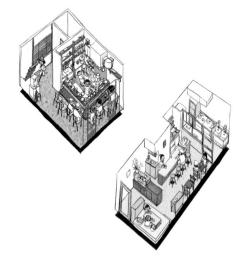

イラスト

高橋哲史[たかはし・てつし]メイドイン

松戸市生まれ。店舗、博物館、アトラクション、公園遊具などを設計。セツ・モードセミナー卒。設計工場を経て、2003年デザイン事務所株式会社メイドイン設立。主な著作に『建築スタイルブック』(すべてエクスナレッジ)、『お店の解剖図鑑』『夜のお店 解剖図鑑』(共著)、『ロボットとのつき合い方』(名古屋市科学館特別展記念絵本)などがある

美しい小さな飲食店の間取り

2024年5月2日　初版第1刷発行

発行者　　三輪浩之
発行所　　株式会社エクスナレッジ
　　　　　〒106-0032
　　　　　東京都港区六本木7-2-26
　　　　　https://www.xknowlege.co.jp
問合せ先　編集　Tel：03-3403-1381
　　　　　　　　Fax：03-3403-1345
　　　　　　　　info@xknowledge.co.jp
　　　　　販売　Tel：03-3403-1321
　　　　　　　　Fax：03-3403-1829

無断転載禁止
本誌掲載記事（本文、図表、イラストなど）を当社および著作権者の
承諾なしに無断で転載（翻訳、複写、データーベースへの入力、インター
ネットでの掲載など）することを禁じます。